拈花走近佛

——貼近佛心，你會更豁達

羅金 著

拈花走近佛

目錄

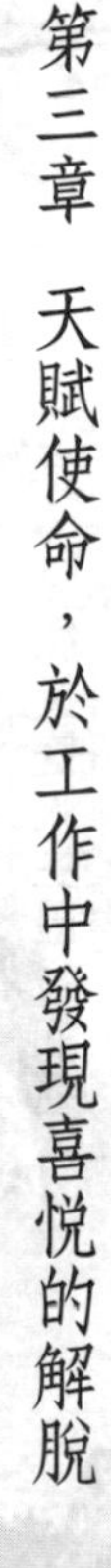

第三章 天賦使命，於工作中發現喜悅的解脫

第四章 超脫心魔——恐懼留給自己，勇氣分給別人

拈花走近佛

目錄

第五章 懷著信念作戰，等於擁有雙倍的裝備

第六章 行經幽谷，不要被情緒低潮愚弄

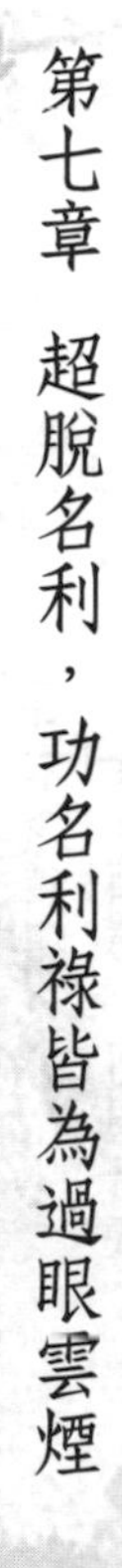

第七章　超脫名利，功名利祿皆為過眼雲煙

第八章　物忌全勝，事忌全美，人忌全盛

拈花走近佛

目錄

第十一章　快樂的真諦

第十二章　超脫生死，每一刻都活得充實有力

前言

以佛心，看世界

煩惱隨心而生，善隨心而起，罪也隨心而起。心是我們人生中最難以突破的局限，很多人因爲莫名的煩惱而耽誤了大事，因爲莫名的愧疚讓自己的生活處於悔恨之中。而禪，讓我們超脫於心之外，隨性生活。

很多人可能會說，我又不是佛，哪那麼容易擺脫人生的困惑？但按佛家所說，每個人都是佛，只不過還未悟道，是未得道的佛。那麼獲得解脫的聖人與同處世間的凡夫有何不同呢？

佛教認爲：對於普通人來說，順境中容易增加貪念，受苦時容易增加嗔恨，不苦不樂又會增加愚癡；對於得道者來說，「多聞於苦樂，非不受覺知，彼於凡夫人，其實大有聞；樂受不放逸，苦觸不增憂，苦樂二俱舍，不順亦不違」。（出自《雜阿含》第四七〇經）

可見，大家的經歷也許相似，但感受和做出的反應卻有很大差別，關鍵在於明白的人透過現象看到了本質，於是不再有所執著，就得到了自由，得到了超脫和心靈的清淨。

那麼，是否只有菩薩才算超脫，未開悟的人就只能在世間受煎熬？首先，你可能要問菩薩是什麼樣的人呢。簡單地說，是上求佛道，下濟群生者。菩薩發心，往往因爲不僅感覺到自身所受諸苦的煎熬，更產生了對眾生的深切同情，從而產生了普度眾生的大願。

對於喜歡佛學，又並未深入的人來說，要做到儘量多地爲眾生服務，爲求道精進，的確是要「難行能行，難忍能忍」。在學習和感悟的過程中，我們能獲得的是迥異於俗世悲喜的純淨愉悅。重要的是不避世，不試圖硬生生地擺脫無常的世間，而是在當下遠離貪念，求得內心的平靜。

佛家認爲，當我們超脫了私心，不爲利益，以己心推人心，這就是一種對抗無常的修行。無所求就能無所苦，也許幫助別人自身也要奔波勞碌，但是心靈必然是清淨無負擔的，福澤也會不斷累積。

從以上的分析可以看出，佛教的超脫觀，並非如世人所理解的那樣是悲觀消極、教人出家避世的，相反，它承認人有能力與權利去追求最高尚最深刻的快樂，即無私和施與，並指出了可行之路。如果拋卻某些人因理解偏頗、所行不當帶來的不良影響，其積極意義是非常值得肯定的——它教我們對人需更爲尊重、關心，教我們養生更重養心，教我們人在世間要有一顆相對出世的心，教我們雖要處理繁雜瑣事，但因有了信仰爲支撐，才能不心勞，才可以笑看人生中各種變故，只把它們當做是人生的一種經歷，提高修爲的一種歷練，如此便能處變不驚，更能從容地對待人生。

此外，本書還將爲你一一詮釋佛家種種有益於我們生活的思想智慧，包括圍繞著「超脫」展開的「隨緣、慈悲、惜福、放下」等等命題，在諸多高僧的指點下，將佛學的種種人生哲學以簡明有深意的語言傳播開來，讓你修生活的禪，參悟生活的本質。

第一章

超脫「小我」，放下「我執」

由於執著的關係，
我們對人生的一切產生了強烈的佔有、戀戀不捨的心態，
執著給我們的人生帶來了種種煩惱。

1 你就是你，我就是我

如果你想看看這個世界的改變，那就看看你自己。當認識到自己與世界上所有生命都緊緊相繫時，你便擁有了全世界，同時擁有了真正的財富。

——海濤法師

我們自己本身就是一個奇跡，不要總看到別人的優點而忽略自己。別人再怎麼成功、有能力，你也不可能成爲他，你能做的就是發現自己的長處，然後加以利用，這樣才有可能獲得成功。

南塔光湧是五代時期的禪僧。十九歲那年，他去拜謁仰山慧寂禪師。

仰山問他：「你來做什麼？」

光湧答：「來拜見禪師。」

仰山又問：「你見到禪師了嗎？」

光湧答：「見到了！」

仰山再問：「禪師的樣子像不像驢馬？」

光湧答：「我看禪師也不像佛！」

仰山追問：「既不像佛，那麼像什麼？」

光湧答：「若有所像，與驢馬有何分別？」

仰山大為驚歎，說：「聖凡兩忘，情盡體露。恐怕二十年中，都沒有人能優勝於你。你好好保重。」

仰山爲什麼要驚歎呢？無他，只因光湧答得妙：禪師就是禪師，不管你像驢像馬還是像佛，但你本質上就是個禪師，像與不像有什麼干係，是與不是才重要。同樣的道理，你就是你，我就是我。

有一次，一個名叫大珠惠海的禪師參見馬祖道一。

馬祖問他：「你從哪裡來？」

惠海：「我從浙江大雲寺來。」

馬祖：「來這兒有什麼事？」

惠海：「久仰禪師大名，特來貴處求佛法。」

馬祖：「我這裡一無所有，哪有佛法可求？你自己身上就有寶貝，到處瞎奔亂走找什麼？」

惠海驚異地說：「我身上有寶貝嗎？我怎麼一無所知？它是什麼呢？」

馬祖：「遠在天邊，近在眼前。站在我面前發問的人，就是你的自家寶藏。你所求的就在你自己身上，應有盡有，毫無欠缺，使用起來自由自在，何必還要四處尋找呢？」

惠海頓然開悟，辭別馬祖回到浙江，埋頭編寫《頓悟入道要門論》。後來手稿傳到馬祖那裡，馬祖看了十分讚賞。

《大學》中說：「大學之道，在明明德。」即大學的宗旨在於彰顯人與生俱來的光明品德。「德」在古人的筆下是一個非常寬泛的字眼，其中就包括智慧。李白詩云：「天生我材必有用。」每個人都有其獨特的魅力和氣質，只是大多數人不懂得自我發掘，習慣了向人討教，這當然是虛心，但也是一種依賴。尤其是大珠惠海，他能夠站在馬祖面前討教，修為豈能太差？

所以，馬祖一針見血地告訴他：你好好去挖掘一下你自己身上的寶藏吧！同樣的道理，只有活出一個真實的自我，才有可能散發出真我的光彩，在照亮自己的同時照亮世界！

一個人如果有勇氣佩服自己，那麼他註定會成就一番不平凡的事業。因爲他不會在乎別人說某某厲害，某某有權有勢之類的話，他把心思全部放到自己身上，不會管別人怎麼樣。因爲別人終究是別人，即使別人有再大的成就也是他們的，無關乎你。自己的生命只有自己最懂得珍惜，也最看中。每個人都希望自己的價值能充分地體現出來，只有這樣，你才是你，你才能讓別人知道你的存在。

2 小我與大我

我們的內在包含了兩個部份——一個是永恆絕對的大我，不生不滅的本體；而另外一個則是小我——自我，它是思考者、享受者和痛苦者。此兩者之間的關聯好比是太陽與它的影子。

——慧律法師

「我」是一個境界中的自我，而不是我們平常所說的自我。這個世界能左右自己的人就是「我」，而非受命於別人，凡事以別人爲中心的人，永遠不會有大的成就。捨棄那些世人眼中所謂的欲望和誘惑，你就能掌控自己的命運，就能讓自己成爲獨一無二的人。

距今二五〇〇多年前，古印度有個小國叫做迦毗羅衛國，國王叫喬達摩・首圖馱那，他的名字的意思是「純淨的稻米」，因此人們稱他為「淨飯王」。

淨飯王娶了鄰國天臂城善覺王的長女摩訶摩耶為妻，兩人感情很好，但結婚多年，王后卻一直沒有生育。直到淨飯王五十歲、摩耶王后四十五歲時，王后才「偶然」懷孕。

據說，摩耶王后是因在睡眠中夢見一頭白色六牙大象騰空而來，從右肋進入了王后的腹中才懷孕的。自從懷孕後，王后的心情非常愉快，再也沒有憂慮與煩惱，更沒有發過脾氣，並斷絕了一切貪欲和虛偽之心，每天只是喜歡到幽靜的樹林和小溪旁散步。

按照古印度的風俗，妻子頭胎分娩必須回娘家，而且丈夫不可同行。結果，摩耶王后在回娘家天臂城分娩的途中，經過迦毗羅衛國和天臂城交界處的蘭毗尼花園時，感到有點旅途疲乏，就下轎到花園中休息。

當摩耶王后走到一棵蔥蘢茂盛的無憂樹下，伸手去扶樹枝時，驚動了胎氣，就在樹下生下了太子。

據說太子降生的時候，天空仙樂奏鳴、花雨繽紛，諸天神拱衛。一時間宇宙大放光明，萬物欣欣向榮。天空中直瀉下兩條銀鏈似的淨水，一條溫暖的，一條清涼的，來為太子沐浴（這也是佛教浴佛節典故的由來）。

太子剛生下來就能自己行走七步。太子每走一步，他的腳下就湧現出一朵純潔的蓮花。之後太子右手指天，左手指地，大聲宣稱：「天上天下，唯我獨尊。」

緊接著，迦毗羅衛國全國不斷出現吉兆：混濁的河水立刻變得清澈了，五穀豐登，花木繁茂，人與人之間也變得和睦了。不僅與太子同日出生的孩子，母子都十分健康，就連同日降生的牛、馬，也都十分健壯，連一根雜色鬃毛都沒有。

淨飯王聽到摩耶王后在蘭毗尼花園生下了太子，高興萬分，立即帶領眾多的宮女、侍臣，帶著車馬和特製的華麗的大轎，趕到蘭毗尼花園，將王后和太子接回皇宮。太子誕生後的第五天，淨飯王請了全國許多有名望的學者來為太子取名。經過討論，大家一致同意太子應取名叫喬達摩•悉達多——也就是我們熟知的佛教創始人釋迦牟尼。

和許多傳說一樣，釋迦牟尼的降生也帶有強烈的神話色彩，但這並不妨礙我們從中領悟做人的思想和精神。比如佛祖剛剛降生之際便說「天上天下，唯我獨尊」——乍聽起來倒像是出自武俠小說中的魔教教主之口，而實際上是我們的理解太過於表面化了。

「唯我獨尊」中的「我」，並不是指個人的「小我」，而是指廣大眾生的「大我」，是指大千世界中的每一個人。佛祖是在開釋我們：人人皆有佛性，人人皆可成佛。

在這個世界上，「我」是最重要的，是獨一無二的存在，一切的一切都要以「我」爲根本，爲主導，而不必聽命於任何人或任何所謂超乎於人的神。在這個因果相循的世界裡，你的行爲決定了你的命運。每個人都應該不受任何影響、任何牽制、任何牽絆地活著，並追求更好的生活，既不傷害他人，也不壓制自我。

這個社會上有太多沒有主見的人，他們總是愛聽從於別人的意見或是想法，然後去執行。這樣的人往往被束縛著，牽絆著，所以不會有太多的追求，這就造就了很多無能的人。他們被各種欲望、誘惑和假像蠱惑著，失去了生命應有的價值。而那些能以自我爲中心，凡事有自己的主見，有自己的想法和追求，不受制於人的人，他們大都能有所成就，這就是因爲他們看得遠，知道自己想要的是什麼。

「唯我獨尊」是一種自信，並不是我們心中所認為的「以自我為中心」的私欲。這是一種境界，一種生活的智慧。

敢以這種姿態生活的人註定是一個不平凡的人，這些人目光遠大，自信心十足，不受別人的思想左右，所以，他們一般都能成就大事。在我們的生命旅程中，不要讓別人左右自己，一切要以「自我」為中心，要相信自己才是最棒的。

在這個世界上，每一個生命都有它存在的意義和價值，不要總是懷疑自己，要活出真正的自我。不要被那些世俗所束縛，要讓自己的心聲真正地展示出來，想一想，當你擺脫了各種物欲、迷惑和假像的束縛，還有什麼能夠控制住你？那不就是唯「我」獨尊嗎？

當你覺悟到了這一點，你也可以對著天地大喊一聲：「天上天下，唯我獨尊！」

3 發自內心的善念

發自內心的善念，常使我們掙脫「小我」的軀殼，使我們能夠大徹大悟。

——慧律法師

有時候我們的過錯並不在於我們做了什麼錯事，而是我們什麼都沒有做。當我們的心靈變得冷漠時，這個世界也就失去了愛的力量。而愛是能夠超越所有的困難和障礙的，失去它，世界就會從此沉淪，無法挽救。

一場七十年前就已經結案的庭審，卻有著穿越時空的力量，至今仍然感動人心。

那是一個簡簡單單的偷竊案，發生在一九三五年的紐約。當時，拉瓜地亞剛剛出任紐約市市長。他在一個位於紐約最貧窮髒亂區域的法庭上，親眼目睹了這樁偷竊案的審理。

被指控的罪犯是一位白髮蒼蒼的老婦人。她的臉有一種不健康的灰綠色，看上去憔悴不堪。在偷竊麵包時，她被麵包店老闆當場抓住，並被指控為偷竊罪。

審判長威嚴地注視著這個瘦弱的老婦人，詢問她是否清白或願意認罪。老婦人囁嚅著回答：「是，我確實偷了麵包。我需要麵包來餵養我幾個餓著肚子的孫子，他們已經兩天沒有吃到任何東西了。如果我不給他們點東西吃，他們會餓死的。」

審判長的回答是：「我必須秉公辦事，維護法律的尊嚴，你可以選擇十美元的罰款，或是十天的拘役。」

判決很快結束了。一直坐在旁聽席上的市長拉瓜地亞站了起來。他脫下了自己的帽子，往裡面放進去十美元，然後轉身對著旁聽席上的其他人說：「現在，請在座的每一個人都交出五十美分的罰金。我們每一個人都應該為自己的冷漠付費，因為我們生活在這樣一個需要白髮蒼蒼的老祖母去偷麵包來餵養孫子的城市。」

旁聽席上的氣氛變得肅穆起來。所有的人都驚訝極了，但是每個人都默默地捐出了五十美分。

佛陀說：積善因，得善報。付出就是在積善因，而善因就是一粒粒幸福的種子，培育好了，就能開出一朵朵幸福的花兒，在芬芳了眾人的同時，也陶醉了自己。

一個老和尚帶著一個六七歲的小和尚走進一個小飯館。飯館的老闆佈施給他們每人一個餅，他們正準備坐下吃餅時，店裡又進來一個人。那人穿著一件破爛的上衣，弓著背，緩慢地走向飯桌，尋找些殘羹剩飯。

當他拿起別人吃剩下的東西時，小和尚不解地向老和尚問道：

「師父，那人為什麼吃別人剩下的飯菜？」

「他餓了，但是沒有錢買飯菜。」老和尚小聲地告訴小和尚。

「我們能給他一個燒餅嗎？」小和尚憐憫地看著那個人。

「他是個有骨氣的人，只吃別人不要的東西。」老和尚搖頭道。

小和尚突然拿起手中的餅咬了一小口，然後跑到那人面前，把餅放在他面前的桌子上，又很快跑了回來。

那人很驚訝，感激地看著小和尚，拿起那個「吃剩的餅」便開始狼吞虎嚥。看到這些，老和尚欣慰地拍了拍小和尚的頭。

海濤法師曾說過：「學佛修行之可貴，在於常湧慈悲心，視萬物與我一體，同體大慈力，同懷大悲心，即使在境界現前時，亦能超脫凡情、俗念，拂逆困厄，而不變道心。」

西方的特蕾莎修女也曾強調說：「不論我們是否意識到，當我們在沒有奉獻愛的情況下生活時，我們就沒有忠實於我們的核心特性，因爲我們天生就應該享受好的人際關係。當我們對某人奉獻真愛時，我們才展示了真正的自我。」

因爲善良，使得受施者擺脫了困境，使自己獲得了快樂。而當你有發自內心的善念時，你才會發現真正有意義的生活。假如，人人都有一顆慈悲心，有著發自內心的善念，那麼這個世界會越來越溫暖，處處充滿愛和友善。

4 用平常心破除「我執」

世上所有的眾生都是整體的一部分，他們擁有的苦樂就如我們一樣，假使我們依這種方式思考，平靜和醒悟將會生起，這就是佛教的基礎。心身清淨一分，即世界清淨一分。

——聖嚴法師

對於人生的一切似乎都能令我們生起執著。比如在日常生活中，我們會執著地位、執著財富、執著事業、執著信仰、執著情感、執著家庭、執著生存的環境、執著擁有的知識、執著人際關係、執著自身的見解、執著技能所長等。

由於執著的關係，我們對人生的一切都產生了強烈的佔有、戀戀不捨的心態，執著給我們的人生帶來了種種煩惱。

從前，有位很有修為的居士。有一次，他到一所有名的禪院去拜訪一位禪師。與禪師見面之後，他們的談話非常投機，不知不覺已到了午飯時間，禪師便留居士用餐。

侍者為他們做了兩碗麵條。麵很香，只不過一碗大一碗小。

兩人坐下後，禪師看了一眼，便將大碗推到居士面前，說：「你吃這個大碗的。」

本來按照常理，居士應該謙讓一下，將大碗再推回到禪師面前，表示恭敬。可是，沒想到居士卻看也不看禪師一眼，接過來後逕自埋頭大吃起來。禪師見狀，雙眉緊鎖，很是不悅。而居士並未察覺，依舊吃得津津有味。

等他吃完，抬頭看見禪師的碗筷絲毫未動，於是便笑問禪師：「師父為什麼不吃呢？」

禪師歎了一口氣，一言不發。

居士笑說：「師父生我的氣啦？嫌我不懂禮貌，只顧自己狼吞虎嚥。」

禪師沒有答話，只是又歎了一口氣。

居士接著問道：「請問禪師，我們推來讓去，目的是什麼？」

「讓對方吃大碗。」禪師終於答話了。

「這就對了，讓對方吃大碗是最終目的。那麼如您所想，爭著推來讓去，什麼時候能將麵條吃下肚去？我將大碗麵條吃了下去，您心中不高興，難道您謙讓的目的不是真心的嗎？你吃是吃，我吃也是吃，既然這樣，那推來讓去又有什麼意義呢？」

禪師聽完居士的一番話，心中頓悟。

希波克拉底在治癒很多病人之後自己病死了；占星家預告了許多人的死亡，然後命運最後也把他們擄走了；亞歷山大粉碎數十萬計的騎兵步兵，把城市夷爲平地，最後也告別人世……生老病死乃人生必經之路，你改變不了世界，世界也不會因爲你的改變而讓步。愛情不是追來的，友情不是吹來的，親情不是想來的，與其千辛萬苦地去執著，不如順其自然地來呼應。

「菩提薩陲，依般若波羅密多故，心無掛礙」：菩提薩是菩薩的全稱。梵語菩薩唐譯「覺有情」，具有覺悟有情、或令他有情覺悟的意思。又「覺有情」是相對有情說的。有情，以情愛爲中心，對世間的一切都想佔有它、主宰它，想使與自我有關的一切從屬於我，實現自我的自由，然而不知我所關涉的愈多，自我所受的牽制愈甚。覺者則不然，以般若觀照人生，無我，無我所，超越了世間的名利，因而心無牽掛。

禪者隱居山林之中，面對青山綠水，一瓶一缽，了無牽掛，對於他們來說，生死都已不成問題了，還有什麼可以值得他們操心呢？

5有情衆生，不必過於執著

做人應先學習臨終之事，再學習其他的事。不眠者夜長，疲倦者路長，不知正確真理的愚人，生死輪迴長。

——惠能法師

人，生命終結總有時。有人會問，爲何很多人拚命謀求延年，卻不免遭遇橫禍；有的人，不刻意，卻能長壽健康。從佛家的因果業報角度來說，「欲知前世因，今生受者是，欲知後世果，今生作者是」，今生的遭遇是三世的業報，是因緣和合的結果，有情眾生不必過於執著。

在惠能大師去世之前，眾弟子都哭泣不止，唯有神會不哭，惠能大師知道只有神會參悟了。

惠能大師對眾人說：「吾自知去處，若吾不知去處，終不預報於汝。」

知道自己最後的歸宿，心就能安定，不必去擔心害怕自己什麼時候會死去。因此，學佛的人能夠知所歸，不懼怕死，也不過於執著於生死。執念，就是心痛苦的根源。

生命因緣而生，如同世間的任何物質，有很多偶然的因素集合而成，這個過程也就是緣，人也一樣。人的生是很多條件的彙集，人的死也是很多條件的彙集，因爲一生中的生活方式、經歷等，致使了人最後的死亡，該生該死都是緣註定了的，這就是緣起法。比如有的人吸煙，這就是他的緣起，而最後得了肺病，就是結果。按現代的說法，是不良的生活方式導致了健康的惡化，按佛家的說法，就是種下了這種因，自然要收穫這種果。

佛家說：世間沒有一開始就有的東西，也沒有永恆不變的東西，一切都是因緣和合所生起。所謂「性空」，就是說：因緣和合所生起的假有，本性是空的；如果自性不空，則不能有，這就是「真空生妙有」。世間的萬事萬物，都是因緣和合而生，也都將隨著因緣分散而消失。因此，我們眼睛所看到的一切現象本性都是「空」，都是緣起而「有」。

舉個例子來說，手裡的這杯茶，杯子本來是空的，有茶葉和水，才能沏成茶。水又是哪來的呢，比如說溪水，要有山、有樹、有雨水，水要流下來，可能還需要其他各種條件，這就是緣，這些條件彙集在一起，就有水了。

如果從山上挑了一桶水，下山的時候一下子摔倒了，水灑了，那還是沒有這個水。所有的條件都聚集了，才有這一杯水。

茶呢，是附近的茶樹上長成的，由採茶女把它採來，烘焙，就成了茶葉。茶葉和溪水，一起沏成了這麼甘美醇香的茶。這就是因緣和合，最後生成了茶。

修行也是，生命也是，都是一個緣起緣滅的過程，起於空又落於空，無中生有。在緣起時，不要執著於有。

在生命歷程中，人們往往會偏重「有」，把得失看得過重。其實人本身就從無中來，最後的歸宿必然也還是無。水必然會乾涸，火必然會熄滅，甚至宇宙也一樣，有它的產生與毀滅。

如果放眼到一個如此廣闊的世界中，那我們的終點是不是就顯得那麼自然而然，那麼微不足道了呢？當然，也不能矯枉過正，如果糾正過度，久而久之，又易落入空道。落入空道的人會覺得對一切都不在乎，就潦草度日，不認真對待生命，就耽誤了修行。

實際上，認真去經歷人生的種種，就是修行的最佳方式。

6平常就是真道

出家可以修行，在家也可以修行，出家或在家，端看個人的願力與因緣。

——聖嚴法師

有一位很有名氣的禪師叫挑水雲水僧，他飽參飽學，曾在好幾個叢林禪院住過，並在各地教過禪人。因此他所主持的禪院吸引了太多的僧信學徒，但這些學徒往往半途而廢，不能吃苦耐勞。這讓挑水禪師不得不勸他們解散，讓他們各奔前程，而他自己也將辭去教席。從此以後，誰也沒有發現挑水禪師的行蹤。

三年後，挑水禪師曾經的一位弟子發現他在京都的一座橋下，與一些乞丐生活在一起，這位學生便立即懇求挑水禪師給他開示。

挑水禪師不客氣地告訴他：「你沒有資格接受我的指導。」

「要怎樣我才能有資格呢？」學生問道。

挑水禪師道：「如果你能像我一樣在橋下過上三、五天的時間，我也許可以教你。」

於是，這名弟子扮成乞丐模樣，與挑水禪師共度了一天乞丐的生活。

第二天，乞丐群中死了一人，挑水禪師於午夜時分同這位弟子將屍體搬至山邊埋了，之後仍然回到橋下他們的寄身之處。

挑水倒身便睡，一直睡到天亮，但他的這位學生卻始終無法入眠。

天明之後，挑水禪師對弟子說道：「今天不必出去乞食了，昨天死了的那位同夥還剩一些食物在那兒。」然而這位學生看到那骯髒的碗盤，卻一口也吞咽不下去。

挑水禪師不客氣地說道：「我曾說你無法跟我學習，這裡的天堂，你無法享受，你還是回到你的人間吧！請不要把我的住處告訴別人，因為天堂淨土的人，不希望有別人的打擾！」

聖嚴法師曾說：「出家可以修行，在家也可以修行，出家或在家，端看個人的願力與因緣。」他認為，不管是出家修行還是在家裡照顧家人、為滿足自己的願望而努力，只要能心存善念，受佛家的基本戒律，都可以算作是修行。佛法是慈悲和平等的，出家修行是功德，在家修行也同樣是功德。

弘一法師有一次生病，曇昕法師要幫他洗衣，他卻一口回絕。曇昕法師勸他說：「這是不要緊的，你的身體不大好，我幫你洗好了。不過我是洗得不大乾淨的。」

弘一法師依舊拒絕曇昕法師的幫忙，並對曇昕法師說：「我們洗衣一定要洗得乾淨才行。用來洗衣的水可一連用四回：打一盆水先用來洗臉；洗過了臉的水，還可用來洗衣；洗了衣可用來擦地；最後那盆水還可以用來澆花。因此，一盆水可有四個用途。我們出家人一定要樸實，不可隨意浪費。」

佛說：平常就是真道，真正的真理是在最平凡之間。真正的佛法的境界，也是要通過最平凡的事情表現出來。相反，無論你有多麼美好的目標，多麼縝密的計畫，如果你不實際地行動起來，修行之門永遠不會開啓。

第二章

知捨善得，超脫得失之心

放得下的人，臉上總是充滿陽光般暖暖的笑意，他們對生活沒有抱怨，沒有哀歎，他們舉重若輕，不多奢求一分，也不委屈自己。

1 捨得放下，身輕心安

要體會佛法真理，追隨聖賢者行跡，必須先學會放下。如果我們不將過去的凡夫心趕快放下，又如何能學聖賢行跡呢？

——南懷瑾

佛語中講到，修煉的人在修行中如果不能放下七情六欲，也無法修煉到博大精深的境界。只有懂得放下，才能體會到佛家箴言。

在人們口中曾經流傳著這樣一則故事：

當釋迦摩尼佛還在人世的時候，有一位叫作黑指的婆羅門來到他的面前。這個婆羅門運用自己的神通，兩隻手各拿了一個大花瓶，前來獻佛。

佛陀大聲地對婆羅門說：「放下！」

婆羅門於是聽從指教，將左手拿的花瓶放在地上。

佛陀又說：「放下！」

婆羅門又聽從指教，將右手拿的花瓶也放到了地上。

然後，佛陀還是向他說道：「放下！」

這次婆羅門無奈地回答：「我已經兩手空空，沒有什麼可以再放下了，為何你還要我放下？」

佛陀聽了他的話，然後對他講道：「我的本意並不是讓你放下手中的花瓶，而是讓你放下六根、六塵和六識。只有當你將這些都放下時，才能從生死輪迴中解脫出來。」

佛說：「放下。」你將手中所持有的東西放下，但是，你心間的七情六欲，人間的欲望掙扎，你是否放下了？只有放下這些，才真正算是佛家箴言中所講的「放下」。

人生漫漫路途，一路行來，有許多的苦難和艱辛，也有許多的欲望和執著，只有將這些放下，留給心間一片空明，給自己一份清閒，生活才會顯得精彩。

大學開學的第一天，教授給同學們上了一堂別開生面的課。他站在講臺上，平舉著兩手，沒有說任何話。

所有的同學都為教授的這一舉動感到好奇，這時，教授說話了：「同學們，你們看我的手裡有什麼東西嗎？」

「沒有。」同學們一起回答。

教授又問：「我手上現在承受著多大的重量呢？」

「零克。」同學們異口同聲地回答。

教授頓了頓又問：「如果我的手一直以這樣的姿勢平舉著，十分鐘後會發生什麼事情呢？」

「什麼事情都不會發生。」同學們回答。

「如果我的手像這樣托一個小時，會發生什麼事情呢？」

「你的手臂會疼。」有一個學生回答。

「你說得對，」教授點了點頭，「如果一直這樣托一整天呢？」

「你的手臂會變得麻木，肌肉會嚴重拉傷和麻痹，最後肯定得去醫院。」有同學在底下說道。

「是的，也許這樣托一整天後，我真的就得去醫院了。但是，在這期間我手上的重量變了嗎？」教授問道。

「沒有。」同學們一起回答。

「那麼，在我的手臂開始疼痛之前，我應該做些什麼呢？」教授問道。

同學們有些疑惑不解，這時，有個同學說：「把手放下呀！」

「說得很對！」教授一邊將雙手放了下來，一邊說，「在生活中，我們會遇到各種各樣的問題，就像我剛才平舉雙手那樣，時間長了，就會雙臂麻木，肌肉拉傷，因此，我們要學習放下。生活中，之所以有很多人不開心、不快樂，就是因為他們沒有學會放下。其實，人生就是一個學習放下的過程，放下對權力的執著，我們才能收穫寧靜和淡泊；放下對金錢的貪戀，我們才能收穫安心和快樂；放下對他人的怨恨，我們才不會一直生活在痛苦中……只有學會放下，我們的心靈才會充滿陽光和溫暖，才能快樂的生活。」

停頓了一會兒，教授又接著說：「同學們，今天是你們大學生活的第一課，我希望你們能記住我今天所說的話，人生就是一個不斷學習放下的過程，當你們遇到煩惱、不開心、不快樂的時候，要學會放下，只有這樣，你的生活才能充滿陽光。」

佛經上說：「如何向上，唯有放下。」只有學會了放下，我們才能從容地面對生活中的諸多變故，心靈才能雲淡風輕。學會了放下，即使生活總是風生水起，我們的內心也依然會波瀾不驚。

2 放下那山的風光，看到這山的美好

睜開眼睛，仔細地去觀察，你會發現，每一個聰明的人，都能遇事看得開，慧質蘭心，只輕悠悠舀一瓢自己心底最愛喝的那口茶。

——弘一法師

放得下的人，臉上總是充滿陽光般暖暖的笑意，他們對生活沒有抱怨，沒有哀歎，他們舉重若輕，不多奢求一分，也不委屈自己。

放得下的人在取捨之際，不會跟隨個人的理想，不會隨波逐流，也不會人云亦云，這時，才能找到自己的平衡點，自己的臨界點。

世間萬物都有一個平衡點，事物之間也有平衡點，或稱臨界點。臨界點之左之右都不是恰到好處，你能找到那個最佳的臨界點嗎？取捨之間就有這樣的臨界點。有時候取捨只在一念之間，悲喜也只在一念之間。

如今塵世中的人們，大多「終朝只恨聚無多」，做什麼都想贏，做什麼都不肯捨棄一分一毫。縱觀社會，橫看人生，既有餓死、窮死的，也有撐死、富死的，甚至有窩囊死的；有人因禍得福，有人因福得禍……不勝枚舉。何時該取，何時該舍？

這個平衡點真是很難掌握，而天下也沒有放之四海皆準的真理，我們能做的，就是根據此時、此地、此情、此景去綜合權衡利弊得失。只要分析出利大於弊，即可作出取捨；而妄求只有利益，沒有弊處，就永遠選不對，心裡永遠不平衡。

一天，有一個人在沙漠裡迷失了方向，饑渴難忍，酷暑難熬。就在快堅持不住的時候，他發現了一幢廢棄的小屋，屋裡居然還有一台抽水機。

他興奮地急忙上前取水，可不管怎麼做也抽不出半滴水來。

這時，他看見抽水機旁有個裝滿了水的瓶子，瓶子上貼了一張紙條，上面寫著：你必須把瓶子裡的水灌入抽水機才能引水，不要忘了，在你離開前，請再將水裝滿！

這可怎麼辦啊？能抽出水來固然是好，但要是水倒進去而抽不出水來怎麼辦？自己不是有可能會死在這裡嗎？假如將瓶中的水喝了，還能暫時遠離饑渴，為此，這個人猶豫不決。

思來想去，他最終還是將水倒進了抽水機，不一會兒，就抽出了清冽的泉水，他不僅喝了個夠，還帶足了水，最終走出了沙漠。

在臨走之前，他將瓶子裝滿水，然後在紙條上加了幾句話：紙條上的話是真的，你只有先捨棄瓶中的水，才能得到更多的水！

取捨間的看得開就在於此，發現平衡點，果斷地抉擇，然後在這個平衡點之上，把握平衡點，去輕鬆地感受取捨之後的快樂與美好。

其實，是苦是樂全在個人，每個人的渴求不同，每個人的快樂源泉也不同。瞭解自己，取捨亦符合自己的內心滿足，這便能快樂，也便擁有了取捨間的看得開。正如不愛珠寶的人，即使置身虛榮浮華之境，也無傷自尊；擁有萬卷書的窮書生，對股票或鑽石並無多大興趣；滿足於田園生活的清雅之人，從不羡慕任何榮譽頭銜或高官厚祿……愛好即方向，興趣即資本，性情即命運。而這一切的一切都來源於什麼呢？來源於放得下。

作為人，什麼樣的人生最成功？沒有定論，全看個人。非要一味概之，就落入愚蠢的窠臼。完全照搬那些看似風光者的經驗與路徑，最終只會「捨」錯人「捨」錯事，最後取得的人生，貌似是自己曾經所羡慕和企求的，卻無論怎樣也快樂不起來，只有滿懷的懊惱，甚至可笑。

如果一定要給成功的人生下一個定義，給一個框架，那便是：當一切塵埃落定，自己覺得內心充盈，感覺到實實在在的幸福，而無關外界的眼光。

大部分的人總是容易陷入一個怪圈：這山望著那山高。其實你認爲最好的東西是否一定最適合你呢？你找到那個最適合你最能平衡你生活的臨界點了嗎？從現在開始，每天對著鏡子，告訴自己，身邊的愛人是你今生最最完美的理想伴侶，目前已經選擇的工作是你最最喜歡的工作吧！只有放下那山的風景，內心才能平衡，心靈才能寧靜，心情才能舒暢，也才能真正感受到這山的關愛，感受到坦然與灑脫。

取捨間的智慧，全在一個「悟」字。佛家常常說一個人有「悟性」，說的便是一個人懂得取捨的智慧，知道何爲可取之物，知道何爲必捨之事，取捨之間，如蜻蜓點水，卻恰到好處。一念之間，卻把世事想透，不多取一分，也不胡亂捨棄。

聰慧如此，必然幸福滿懷，於是就常聽人們說某某人好福氣，卻忘了自己其實也可以有「福氣」，只是曾幾何時，沒有掌握好取捨間的尺度與智慧，於是最終只能豔羡他人。

3 因為捨得，所以擁有

學一分退讓，討一分便宜；增一分享用，減一分福澤。

——弘一法師

你想要從對方那裡得到點什麼就要先給他點什麼。這就像種莊稼一樣，要想從地裡收穫糧食，你就需要先給土地施肥。

明朝時，翰林學士嚴訥官居吏部尚書、武英殿大學士。

某年，嚴訥想在城中建造新府邸，地基已經籌畫好了，只是有座酒坊插在中間。工程監管人幾次去與酒坊主商量，可酒坊主覺得這是祖上傳下的家產，高低不賣。工程監管人無奈，氣憤地來告訴嚴訥，請他採取硬性措施。

嚴訥聽後，淡然一笑，說：「何必如此！你們先去造那三面的房子，到時候自會有辦法。」

開工後，嚴訥命人將工程中每天必需的酒，全部從酒坊購買，而且預先訂購、交款。那夫婦倆因此生意越做越大，請了不少幫工，添置了不少生產工具，覺得那酒坊越來越小，不好使用了。又感激嚴訥扶助之恩，於是十分後悔當初與嚴訥的抵觸。想來想去，便把房契給了嚴訥。

嚴訥購買一套稍大點的房子送給他，自己的府邸也就按原計劃建好了。

正因爲嚴訥先「捨」給對方好處、甜頭，讓他最終自動擁有了「得」的東西。「因爲捨得所以擁有」的成功案例還有很多，最著名的是洛克菲勒家族的故事。

當第二次世界大戰的硝煙剛剛散盡時，以美、英、法為首的戰勝國幾經磋商後，決定在美國紐約成立一個協調處理世界事務的聯合國。一切準備就緒之後，大家驀然發現，這個全球至高無上、最具有權威的世界性組織竟找不到自己的立足之地。

買一塊地皮吧？剛剛成立的聯合國機構還身無分文。讓世界各國籌資吧？牌子剛剛掛起，就要向世界各國搞經濟攤派，負面影響太大，況且剛剛經歷了戰爭的浩劫，各國都財庫空虛，甚至許多國家財政赤字居高不下，想在寸金寸土的紐約籌資買下一塊地皮，並不是一件容易的事情。

聽到這一消息後，美國著名的家族財團洛克菲勒家族經商議，便馬上果斷出資八百七十萬美元，在紐約買下了一塊地皮，並將這塊地皮無條件地贈送給了這個剛剛掛牌的國際性組織——聯合國。

同時，洛克菲勒家族亦將毗連這塊地皮的大面積地皮全部買下。

對洛克菲勒家族的這一出人意料之舉，許多美國大財團都吃驚不已——八百七十萬美元，對於戰後經濟萎靡的美國和全世界來說都是一筆不小的數目呀，而洛克菲勒家族卻將它拱手相贈，並且什麼條件也沒有。

美國財團主和地產商都嘲笑說：「這簡直是蠢人之舉！」並斷言：「不要十年，洛克菲勒家族財團便會淪落為著名的洛克菲勒家族貧民集團。」

但出人意料的是，聯合國大樓剛剛完工，毗鄰它四周的地價便立刻飆升起來，相當於捐贈款數十倍、近百倍的巨額財富源源不斷地湧進了洛克菲勒家族。這種結局令那些曾經譏諷和嘲笑過洛克菲勒家族的商人們目瞪口呆。

不捨小利怎得大利？只有一定的捨得，才有最後的擁有。捨與得之間蘊藏著不同的機會，真正有智慧的人就能夠「捨」，而有時不「捨」便會「失」，即使有得，也是得不償失。

4 放下情執，超脫「愛別離」之苦

幸福是不能求得的，只有高高興興地過日子以招來幸福；災禍是無法避免的，只有以不害人的心來遠離災禍。

——鳥巢禪師

什麼是愛別離之苦？被愛人背棄、親人離世、背井離鄉等都會讓人遭受這樣撕心裂肺般的痛苦，這時候的感覺就是叫天天不應，叫地地不靈。爲什麼呢？大家都認爲一旦擁有了，那個人、那件東西就是我的了，這就是佔有欲，所以一旦失去了或改變了，就會很痛苦，繼而產生憎恨。

佛家爲了解救世人脫離愛恨別離之苦，告誡世人「由愛故生憂，由愛故生怖，若離於愛者，無憂亦無怖」。愛情、親情、友情都讓人依賴，讓人害怕有一天會失去，若是沒有了這些愛欲，就不用擔心和害怕了。

但，事實上佛家並不是讓人不去愛，而是把這種對某一人或某一物的鍾愛變爲大愛，化爲對眾生的慈悲。

佛曰：無我相，無人相，無眾生相，無壽者相，即爲離於愛者。眾生就是我，就是你，就是他，所有人都是平等的，一樣的，都值得被愛，所以佛家的愛不是狹隘的，這種大愛就不會生出佔有的欲望。沒有佔有欲就不會擔心失去，就不會痛苦。

比如，有一些失去獨生子女的老人，他們互相慰藉，互相扶助，把原來對子女的愛傾注在很多貧困地區的孩子身上，資助他們上學，關心他們的生活，這讓這些老人們又重新找到了生活的目標，重新看到了漫漫人生旅途的意義，這就是大愛。只要人還有愛的力量，就會有希望。愛是可以由此及彼的，是可以培養的，是可以無私奉獻的。試著把對家人的愛傳遞給更多值得愛的人身上，愛就昇華了，我們的人生道路也就寬廣了，生活就更有意義了。

比如有的夫妻反目，卻因爲種種原因還要每天睡在一張床上，在一張桌子上吃飯，這就變成了一種煎熬；或者是公司有跟你不和的人，偏偏老闆把你和他安排在一起工作，每天抬頭不見低頭見，這該多麼難受……但世間本就因爲形形色色的人才顯得豐富，這類人不同於那類人，每一類人有每一類的生活方式、處世哲學，我們不能強求別人與我們相同，在我們厭惡著別人的時候，也許我們的行爲也帶給別人不快，這是相互的。那就敬而遠之，也就相安無事。

對於無法改變的事，用一種寬容的態度去接受是最理智的行爲。由厭惡而詆毀、怨懟，只能帶給我們身邊的人更多的煩惱，也讓我們淪爲狹隘的小人。

除了愛欲，人還有貪欲，包括貪財、貪虛名、貪美色，等等，但並不是世間任何你想要的東西都能得到，於是就有了求不得之苦。求不得就有失落感，要麼就悔恨曾經沒有足夠努力，心理失衡，要麼就是看到別人得到了產生強烈的嫉妒，這種情緒毒素累積到一定程度就會爆發出來，不是傷害了自己的身心健康，就是傷害了別人。

就算想要的東西一時得到了，但是人的貪欲是無窮無盡的，越是獲得的多，新的欲望產生得也就越快，循環往復，所受的苦也就沒有止息。而在佛家看來，色不異空，空不異色，財富、美色、虛名都是空無一物的，何苦勞心牽掛呢？

有一個很有趣的故事：

一個富翁看到一個漁民懶散地躺在沙灘上曬太陽，富翁是個勤勉的人，就對這個年輕的漁民說：「這麼好的天氣，你怎麼不去打漁呢？」

漁民反問道：「打了很多魚又能怎樣呢？」

富翁說：「你可以變得富有，以後到了我這個年紀，你就也能成為一個富翁了。」

漁夫又問：「那又怎樣呢？」

富翁有點哭笑不得，說：「有很多錢後你就可以做你想做的任何事了。可以悠閒地享受沙灘和陽光。」

漁夫笑著說：「可是我現在已經在享受沙灘和陽光了。」

一個人得到多少，是否快樂，很大程度上取決於你怎麼想。你一定不是世界上最痛苦、最貧窮、最生不逢時的那個，也不是最快樂、最富有、最幸運的那個，但如果放大痛苦，人生也就痛苦，若放大快樂，人生也就充滿快樂。

5 時刻掃除心靈上的灰塵

安禪何必需山水，滅卻心頭火自涼。

——德山禪師

生命中的河流雖會被污染，但滌盡流沙便可以見到清澈的本性。明鏡雖然被塵土蒙上，但拭去灰塵終將閃光。大千世界，灰塵微不足道，它既不會遮擋視線，也不會遮蓋心靈，但無數灰塵慢慢累積時，物體本身將會被掩蓋直至變質，鏡子不再明亮，金子不再閃光，人的呼吸不再順暢。

現實如此，精神世界同樣如此。就人類的心靈而言，它不是我們的頭腦，也不是我們的心臟，總之它不是我們的肉體，但它就在我們的頭腦裡，在我們的心臟裡，在我們的每一寸肌膚裡。精神世界的灰塵就好比每個人內心裡的自私、貪欲等。與現實的灰塵相比，精神世界的灰塵無影無形，更具隱蔽性，更容易在精神世界堆積，讓生命失常，讓心靈失色。

一位皇帝想要整修京城裡的一座寺廟，他派人去找技藝高超的設計師，希望能夠將寺廟整修得美麗而又莊嚴。

後來有兩組人員被找來了，其中一組是京城裡很有名的工匠與畫師，另外一組是幾個和尚。

由於皇帝不知道到底哪一組人員的手藝比較好，於是就決定給他們機會做一個比較。

皇帝要求這兩組人員各自去整修一個小寺廟，而這兩個組互相面對面。

三天之後，皇帝將驗收成果。

工匠們向皇帝要了一百多種顏色的顏料（漆），又要了很多工具；而讓皇帝很奇怪的是，和尚們居然只要了一些抹布與水桶等簡單的清潔用具。

三天之後，皇帝來驗收。

他首先看了工匠們所裝飾的寺廟，工匠們敲鑼打鼓地慶祝工程的完成，他們用了非常多的顏料，以非常精巧的手藝把寺廟裝飾得五顏六色。

皇帝滿意地點點頭，接著回過頭來看看和尚們負責整修的寺廟。他看了一下就愣住了，和尚們所整修的寺廟沒有塗上任何顏料，他們只是把所有的牆壁、桌椅、窗戶等都擦拭得非常乾淨，寺廟中所有的物品都顯出了它們原來的顏色，而它們光亮的表面就像鏡子一般，無瑕地反射出從外面而來的色彩，那天邊多變的雲彩、隨風搖曳的樹影，甚至是對面五顏六色的寺廟，都變成了這個寺廟美麗色彩的一部分，而這座寺廟只是寧靜地接受著這一切。

皇帝被這莊嚴的寺廟深深地感動了，當然我們也知道最後的勝負了。

我們的心就像是一座寺廟，我們不需要用各種精美的裝飾來美化我們的心靈，需要的只是讓內在原有的美無瑕地顯現出來。

如果你珍愛生命，請你修養自己的心靈。人總有一天會走到生命的終點，金錢散盡，一切都如過眼雲煙，只有精神長存世間，所以人生的追求應該是一種境界。

在紛紛擾擾的世界裡，心靈當似高山不動，不能如流水不安。居住在鬧市，在嘈雜的環境之中，不必關閉門窗，只任它潮起潮落，風來浪湧，我自悠然如局外之人，沒有什麼能破壞心中的凝重。身在紅塵中，而心早已出世，在白雲之上，又何必「入山唯恐不深」呢？關鍵是你的心。

6 沒有過不去的事，只有放不下的心

眼底有塵三界窄，心頭無事一床寬，若無閒事掛心頭，即是如實美景現。

——佛印大師

我們常說，「命裡有時終須有，命裡無時莫強求」，但事到臨頭，我們不是倒向「莫強求」的消極念頭，就是倒向「不鬆手」的頑固心態。

從前，在一片茫茫的沙漠中有一個小村子，村中的人們守著一片綠洲生活了幾千年。當沙漠中風沙四起，或者綠洲乾涸時，村裡的人便會遭受巨大的折磨。一代又一代的人總是抱怨著上天的不公平，卻從未嘗試著從這裡走出去。他們一直留在原地，並且固執地相信這片沙漠是走不出去的。

有一天，村子裡來了一位雲遊四方的老禪師，人們圍住老禪師勸他不要再繼續往前走。

村民們說：「這片沙漠是走不出去的，我們祖祖輩輩都在這裡生活，你就不要再去冒險了！」

老禪師問：「你們在這裡生活得幸福嗎？」

村民們說：「雖然環境有些險惡，但是也沒有什麼不可忍受的。沒有幸福，也沒有不幸福。」

老禪師又問：「那麼你們有沒有嘗試過走出這片沙漠呢？你們看，我不是走進來了嗎？那就一定能走出去！」

村民們反問：「為什麼要走出去呢？」

老禪師搖搖頭，拄著拐杖又上路了。他白天休息，晚上看著北斗星趕路。三天三夜之後，他走出了村民們幾千年也沒有走出的沙漠。

村民們接受了命運的安排，默默地承受著惡劣環境的折磨，甚至沒有動過改變這種現實的念頭，幾千年來日復一日地過著相同的日子。「哀其不幸，怒其不爭」，老禪師之所以搖頭也正是爲此。

正如佛勸解世人所說的那樣：「世界上，根本沒有過不去的事，只有過不去的心。」有時候，過不去的心表現爲不去努力爭取本來可以做到的事，而是隨波逐流，空耗餘生，就像上面的故事說的一樣。

還有時候，過不去的心表現爲不願意放棄我們曾經擁有的東西，比如財富、愛情……

有一個關於前世今生的故事：

很久以前，有個書生和未婚妻約好，在某年某月某日結婚。可是到了那一天，未婚妻竟嫁給了別人。書生受此打擊，一病不起。家人用盡各種辦法都無能為力，只能無奈地看著他奄奄一息，行將遠去。

這時，一個雲遊僧人路過此地。在得知情況後，僧人決定點化一下書生。於是他來到書生的床前，從懷裡摸出一面鏡子讓他看。

書生看到茫茫大海邊，一名遇害的女子一絲不掛地躺在海灘上。路過一人，看一眼，搖搖頭，離開了；又路過一人，看了看，將自己的衣服脫下來給女屍蓋上，但是站了一會兒也離開了；又一位路人走來，挖了一個坑，小心翼翼地將屍體埋葬了。

書生正在疑惑間，忽然看到畫面切換：洞房花燭夜，自己的未婚妻被她的丈夫掀起蓋頭。書生不明所以，迷惑地望向僧人。

僧人解釋說：「海灘上的那具女屍，就是你未婚妻的前世，你是第二個路過的人，曾給過她一件衣服。她今生和你相戀，只為還你一個情。但她要報答一生一世的，是最後那個把她埋葬了的人，那個人就是她現在的丈夫。」

書生大悟，刷地從床上坐起，病竟然痊癒了！

塵世間的一切，都是無數因緣聚合而成，我們既要有追求的勇氣，也要有懂得放手的睿智。

尼布林有一句有名的祈禱詞：「上帝，請賜給我們胸襟和雅量，讓我們平心靜氣地去接受不可改變的事情；請賜給我們力量去改變可以改變的事情；請賜給我們智慧去區分什麼是可以改變的，什麼是不可以改變的。」

當你碰到突如其來的災難時，如果已成事實，那就坦然、從容地接受它，接受現實，並不等於束手接受所有的不幸，只要有任何可以挽救的機會，我們就應該奮鬥。

但是，當我們發現情勢已不能挽回時，我們最好就不要再思前想後、拒絕面對。只有接受不可避免的事實，才能在人生的道路上掌握好平衡。

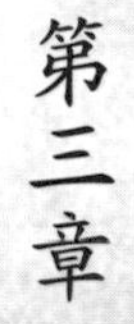

第三章

天賦使命，於工作中發現喜悅的解脫

鋼鐵大王卡內基有一個十分精闢的見解，他認為：「如果一個人對工作缺乏正確的認識，只為了薪水而工作，很可能既賺不到錢，也找不到人生的樂趣。」

1 熱愛工作，可以忘卻煩惱

一個人真正重要的，並不是做什麼工作，而是他自己覺得為什麼要做這份工作。

——妙善法師

假使你不喜歡一份工作，只是爲了「錢」而不得不與之爲伍，十年、二十年之後，有一天你可能會猛然發覺，自己的人生竟然如此貧乏，耗盡半生光陰卻沒有做過一件令自己快樂的事。

如果你選擇自己喜歡做的事，即使賺錢不多，卻樂此不疲，結果你反而會發現，由於堅持所愛，不僅讓你徹底發揮了才能，甚至能闖出一番不凡的局面。

比爾是兩家規模不算太小的企業的董事長，卻放著老闆不當，半路出家

演起了舞臺劇。

舞臺上的比爾是個十足的耍寶大王，非常放得開。據說，他曾經有過「讓觀眾從椅子上笑得摔下來」的記錄。

起初，比爾只是基於好玩，應邀在太太參與的婦女社團中反串，男扮女裝演出蝴蝶夫人、老岳母等角色。有一回，他在臺上表演，台下坐的來賓中正好有一位著名導演，他「發掘」了比爾的表演才華。

比爾的處女作是參與表演了「廚房鬧劇」，他在劇中飾演一名銀行家，角色頗具喜劇感。比爾興致勃勃地招待一些企業界的朋友前去觀賞，有人對他初試啼聲的演技大加讚賞，有的朋友卻認為他是在作踐自己。

比爾不介意別人怎樣看他。他說自己的玩心很重，經營事業和演戲這兩件事對他來說，前者是副業，後者才是正業。他不諱言演戲讓他得到更多的成就感。

不像很多企業家一心只想追求利潤，擴大事業規模，比爾自稱是個沒有什麼企圖心的人：「我只想讓自己快樂。」他觀察到，企業界的老闆中不乏有把事業擺在第一位的工作狂，但他認為，即使自己每天玩命地工作十幾個小時，業績增長充其量不過百分之五到十而已，個人生活卻徹底被犧牲了。

孔子說：「其爲人也，發憤忘食，樂以忘憂，不知老之將至。」就是說一個人若是爲了追求事業，是連吃飯睡覺都可以忘掉的。在追求的過程中獲得的快樂，也是可以讓人忘卻其他煩惱的，甚至連進入老年和臨近死亡，都沒有時間去多想。

由此可見，只有那些無事可做的人，才會對年齡和死亡思來想去，徒生煩惱。

佛光禪師的弟子大智，出外參學二十年後歸來，在法堂裡向佛光禪師述說此番在外參學的種種見聞心得，佛光禪師總以慰勉的笑容傾聽著。

大智問道：「師父，這二十年來，您老人家還好嗎？」

佛光禪師道：「很好，很好啊。我每天講經說法，著述寫作，像一條魚一樣在法海裡悠遊，世上沒有比這更令我喜悅的生活了。每天，我都忙得很快樂啊！」

大智關心地說：「師父，您應該多花一些時間用在身心的修養上。」

佛光禪師對大智說：「夜深了，你去休息吧。我們以後慢慢再說。」

次日清晨，還在睡夢中的大智隱隱聽到佛光禪師的禪房中，傳出陣陣誦經聲和木魚聲。

整個上午，佛光禪師不厭其煩地對一批批前來禮佛的信眾引導開示，講說佛法。快到中午時，好不容易看到佛光禪師與信徒的談話告一段落，大智就趁著這一空當兒，搶著問佛光禪師：「老師，分別二十年，看來您每天都是這樣忙碌著的啊。可是，怎麼我卻看不出您變老了呢？」

佛光禪師呵呵一笑：「你說得沒錯。不是我不老，是我沒有時間老啊！」

專注於你的工作，投入萬分的熱情，這樣你才不會覺得厭倦。唯有三心二意、「三天打魚，兩天曬網」的人才會有煩惱，有孤獨，爲什麼呢？因爲他們的心時刻被空閒佔據著。人在閑著的時候最容易胡思亂想，所以，要想讓自己變得有激情，有夢想，就要讓自己忙碌起來。而忙碌的真諦就是專注於自己的工作，並且熱愛它。

當你努力工作，發掘並享受工作中的樂趣時，你會發現自己的工作是多麼有意義。盡心盡力，積極進取，始終不放棄努力，始終保持一種盡善盡美的工作態度，滿懷希望和熱情地朝著自己的目標而努力，從而獲得豐富的經驗，同時提升個人的能力。

鋼鐵大王卡內基有一個十分精闢的見解，他認爲：「如果一個人對工作缺乏正確的認識，只是爲了薪水而工作，很可能既賺不到錢，也找不到人生的樂趣。」不論你所選擇的事業能夠爲你帶來多少財富，只要你全身心地投入其中，發掘並享受工作中的樂趣，那麼，你總有一天能夠創造出嶄新的局面，工作的時候也會感到充實快樂。

2 做雜事也是修行

在工作崗位上虛擲光陰會傷害你的雇主，但傷害你自己更深。

——淨空法師

普通人對禪的認識的最大誤區之一，就是把做事與修行分開。

日本的峨山禪師是白隱禪師的得意門生，不僅禪法了得，而且善於隨機應變。

時光流逝，峨山禪師日漸老邁，但他每日都堅持做自己力所能及的事。

有一天，他在庭院裡整理自己的被單，累得氣喘吁吁。

一個信徒看到了，就走上前問：「您不是大名鼎鼎的峨山禪師嗎？您德高望重，年紀又這麼大了，還有那麼多的弟子，這些雜事還用您親自動手嗎？」

峨山禪師微笑著反問道：「我年紀是大了，但老年人不做些雜事，還能做什麼呢？」

信徒說：「老年人可以修行、打坐呀！那樣可輕鬆多了。」

峨山禪師露出不滿的神色，反問道：「你以為只有念經打坐才叫修行嗎？那佛祖當年為弟子穿針、為弟子煎藥又算什麼呢？做雜事也是修行啊！」

禪在生活中，生活才是禪。你能從生活中發現快樂和滿足，頓悟修行的真諦。

工作也是如此，很多職場新人都有這樣的經歷：本以爲埋頭苦學十幾年，終有一日可以大展身手，卻發現自己被分配到不受重視的部門；被安排做打雜跑腿的工作；得不到必要的指導和提攜；像「蘑菇」一樣，在「陰暗」的角落裡自生自滅；經常還會遭受無端的批評、指責，代人受過……因此他們怨天尤人，覺得生活對自己太不公平，甚至還有人乾脆放棄了當初千挑萬選的工作。

新人往往會覺得這是企業對自己的歧視，然而事實並非如此。這段毫無光彩的「蘑菇期」對企業和個人都大有好處，可以使企業和新員工之間進行最大限度的磨合和適應。充當一隻默默無聞的「蘑菇」，是絕大多數職場新人走向成熟的必經之路。

對員工來說，一些簡單的、沒有技術含量的基礎工作，是瞭解企業的生產經營狀況和客戶的基礎。對企業來說，管理者可以從一件小事、一個細節中發掘人才，充分發揮他們的優勢，有利於促進企業的發展、壯大。

剛進入企業的大學生專業水準不相上下，人格特質卻迥然不同，企業更願意選擇踏實肯幹、責任感強、積極主動並善於思考的新人。持之以恆地完成簡單任務、做好「小事」，會讓你在周圍的人中脫穎而出，領導才會放心地委以重任。

而那些急功近利、心浮氣躁的人，連芝麻綠豆大的事都做不好，怎麼可能擔當重任呢？換個角度去思考，如果你是領導，你也會作同樣的選擇。

3 做事不推諉，事後不搪塞辯解

人間最高貴的情操——責任感。

責任感是成為偉大之前所要付出的代價。個人的責任感可以引發健康的自尊，激起崇高的抱負，挑起堅決的渴望，導向完滿的成功。

——佛光禪師

我們在工作和生活中常常發現，只有那些能夠勇於承擔責任的人，才能夠贏得老闆的賞識，才有可能被賦予更多的使命，才有資格獲得更大的榮譽。

一個缺乏責任感的人，或者一個不負責任的人，首先失去的是社會對自己的基本認可，其次失去了別人對自己的信任與尊重，甚至也失去了自身的立命之本——信譽和尊嚴。

有這樣的一則故事：

動物園裡有三隻狼，是一家三口。這三隻狼一直是由動物園飼養的。為了恢復狼的野性，動物園決定將牠們送到森林裡，任其自然生長。

首先被放回的是那隻身體強壯的狼父親，動物園的管理員認為，牠的生存能力應該比其他兩隻強一些。

過了些日子，動物園的管理員發現，狼父親經常徘徊在動物園的附近，而且看起來很餓，無精打采。但是，動物園並沒有收留牠，而是將幼狼放了出去。

幼狼被放出去之後，動物園的管理者發現，狼父親很少回來了。偶爾帶著幼狼回來幾次，牠的身體好像比以前強壯多了，幼狼也沒有挨餓的樣子。看來，公狼把幼狼照顧得很好，而且自己過得也很好。為了照顧幼狼，狼父親必須得捕到食物，否則，幼狼就會挨餓。管理員決定把剩下的那隻母狼也放出去。

這隻母狼被放出去之後，這三隻狼再也沒有回來過。動物園的管理員想，這一家三口看來是在森林裡生活得不錯。

後來，管理員解釋了這三隻狼為什麼能重返大自然生活：「公狼有照顧幼狼的責任，儘管這是一種本能，正是這種責任讓牠倆生活得好一些。母狼被放出去後，公狼和母狼共同有照顧幼狼的責任，而且公狼和母狼還需要互相照顧。正因為這三隻狼互相照顧，才能夠重回自然，重新開始生活。」

由此可見，責任是生存的基礎，無論是動物還是人。責任確保了生命在自然界中的延續，責任直接決定了一個人的工作績效和生活品質，是高效能人士必備的一項素質。

著名管理大師德魯克認爲，責任是一名高效能工作者的工作宣言。在這份工作宣言裡，你首先表明的是你的工作態度：你要以高度的責任感對待你的工作，不懈怠你的工作，對於工作中出現的問題敢於承擔。這是保證你的任務能夠有效完成的基本條件。

可以說，沒有做不好的事情，只有不負責的人。一個人責任感的高低，決定了他工作績效的高低。當你的上司因爲你的工作很差勁批評你的時候，你首先問問自己，是否爲這份工作付出了很多，是不是一直以高度的責任感來對待這份工作？一個高效能的人是不會給自己的工作交一份白卷的。

4 沒有可以隨意打發糊弄的「小」事情

任務一如債務，積欠愈久愈心煩；小心安命，埋頭任事；欲當大任，須是篤實。

——妙善法師

在你的工作中，沒有可以隨意打發糊弄的小人物、小事情，種下什麼種子，將來必定收穫什麼樣的果子，這就是老百姓常說的報應。

有個伐木工人在一家木材廠找到了工作，報酬不錯，工作條件也好，他很珍惜，下決心要好好幹。

第一天，老闆給他一把利斧，並給他劃定了伐木範圍。這一天，工人砍了十八棵樹。

老闆說：「不錯，就這麼幹！」

工人很受鼓舞，第二天，他幹得更加起勁，但是他只砍了十五棵樹；第三天，他加倍努力，可是只砍了十棵。

工人覺得很慚愧，跑到老闆那兒道歉，說自己也不知道怎麼了，好像力氣越來越小了。

老闆問他：「你上一次磨斧子是什麼時候？」

「磨斧子？」工人詫異地說，「我天天忙著砍樹，哪裡有工夫磨斧子！」

可能你的主要工作是「伐木」，但不應忘記「磨斧子」這類的小事。有時一件小事就能讓你事半功倍，能讓你的命運發生轉折。認真地對待每一件小事吧，用你的踏實和誠實表現你的「富有」。

有一個小寓言故事，講得異常深刻。

有個漁夫整日打漁，以此為生。有一天，他運氣不佳，忙活了一整天，只網到了一條小魚。

小魚勸他另做決定：「漁夫，你放了我吧，看我這麼小，也不值錢，你要是把我放回海裡，等我長成一條大魚，到那時你再來捉我，不是更划算嗎？」

漁夫說：「小魚，你講得挺有道理，但是我如果用眼前的實利去換取將來不確切的所謂『大利』，那我恐怕就太愚蠢了。」

要知道，大海可不是漁夫自家的池塘，想什麼時候撈就什麼時候撈。所以切切實實地珍惜每一份收穫是很重要的，只有腳踏實地，方可站得更穩。

現在的許多人，一心只盯著「大魚」，對「小魚」不屑一顧；一心想成就一番大事業，對小事卻不願躬親，殊不知胖子也是一口一口吃出來的。從實際出發，腳踏實地，才可以走下去，才會捕到「大魚」。

許多時候，我們會不經意地處理、打發掉一些自認爲不重要的事情或人物，但這種不負責、不敬業或者是不道德的行爲會造成一些很不好的影響或後果，在你以後的人生道路上，不一定在什麼時候，突然顯現出來，令你對當年的行爲追悔不已。

大事是由一件件小事組成的，小事情處理時不認真，那麼大事情還有誰敢認同呢？請認真對待你身邊的每一件事、每一個人，以及你自己。

5 合作共贏，才是幸福的團隊

不依靠他人，並不是指孤高自傲，拒絕他人的關懷，而是必須體認，自己的事要自己解決，不能只想接受別人的幫助，這是責無旁貸的。

——慧律法師

「一將功成萬骨枯」，自古以來任何一位偉大英雄的產生，莫不是由背後無數位有名或無名的戰士的付出來成就的。戰場如此，商場如此，職場也是如此。英雄之所以成為英雄，是因為他懂得利用願景、目標來激發大家的鬥志，將那些相關的人綁到自己的戰車上，任由自己驅使，所向披靡。

職場中人也是如此，一味地只求個人的出類拔萃、光芒四射顯然是不明智的，到頭來反而可能成為一個具有悲情色彩的英雄。這是狹隘的個人英雄主義，每個職場中人都應謹記，尤其是那些自認為喝過幾瓶墨水，就自我感覺良好、成功欲望極為強烈的「大蝦」們更應克服這種被職場成功欲念所掩蓋的弱點。

去過廟的人都知道，一進廟門，首先是彌勒佛，笑臉迎客，而在他的北面，則是黑口黑臉的韋陀。但相傳在很久以前，他們並不在同一個廟裡，而是分別掌管不同的廟。

彌勒佛熱情快樂，所以來的人非常多，但他什麼都不在乎，丟三拉四，沒有好好的管理賬務，所以依然入不敷出。而韋陀雖然管賬是一把好手，但成天陰著個臉，太過嚴肅，搞得人越來越少，最後香火斷絕。

佛祖在查香火的時候發現了這個問題，就將他們倆放在同一個廟裡，由彌勒佛負責公關，笑迎八方客，於是香火大旺。

而韋陀鐵面無私，錙銖必較，則讓他負責財務，嚴格把關。在兩人的分工合作中，廟裡呈現一派欣欣向榮的景象。

要知道，一個人可以在職場中獲得漂亮的業績，卻無法所向披靡，成爲職場中的常勝將軍，唯有依靠團隊的力量，借用他人之長去彌補自己之短，才能將事業推向輝煌，成就個人的價值。

秋去春歸的大雁在飛行時總是結隊為伴，隊形一會兒呈「一」字，一會呈「人」字，一會又呈「V」字，牠們為什麼要編隊飛行呢？

原來，編隊飛行能產生一種空氣動力學的節能效應。一群由廿五隻編成「V」字隊形飛行的大雁團隊，要比具有同樣能量但單獨飛行的大雁多飛百分之七十的路程。也就是說，編隊飛行的大雁能飛得更遠。

當大雁向下撲翅膀時，在牠的翼尖附近就產生了一種上升流，每一隻在編隊中飛行的大雁都能利用到鄰近牠的另一隻大雁所產生的這股上升流，因此大雁只需消耗較少的能量就能飛翔。

大雁的這種行為並不是出於牠們對這種上升流的理解，而是感覺到這樣飛行時不太費力，只需要調整牠們的飛行姿勢就行了。

以水平線形飛行的雁也可獲得這種鄰近升力，但以這種方式飛行時，中間的那隻雁要比排列在任何一側飛行的雁獲得更大的上升助力。而在「V」字形編隊中，這種升力的分佈相當均勻，雖然領頭的雁所受到的空氣摩擦力要比後面的那些雁大，但這一點由排在兩側飛行的雁所產生的上升流彌補。

那麼排在「V」字形隊末飛行的雁只能從一側獲得這種上升流，牠消耗的能量是否多些？並不是這樣，因為其他的雁都在牠的前面飛行，所以這種來自一側的上升流是相當強的，而且雁的這種「V」字形編隊不需要絕對的對稱也能具有這種升力特性，即排列在一側的雁可以比另一側多一些。

一滴水是微不足道的，整個大海卻是無限的；一個人的力量是有限的，集體的力量卻是巨大的。真正的成功來自和諧團隊，只有企業中的整個員工隊伍緊密團結起來，才會產生巨大的力量和智慧，最終走向勝利並獲得幸福的人生。

不要有「凡事自己來」的觀念，完全不靠別人幫助的人是走不了多遠的。凡事堅持獨立完成雖然會讓你有成就感，但相對來說風險也大。要想讓自己做一個幸福的人，就得想辦法獲得他人的幫助，這種幫助不僅僅來自你的上司和同事，還可能來自其他對你的事業有幫助的人。

現代社會背景下的職場更爲複雜，誰都不可能事事知悉，通曉百業，你可能是個專才，但不要奢望能成爲全才，「全才」應是一個團隊才有資格具備的符號。不要一個人去戰鬥，別忽略了旁邊還有摩拳擦掌的同事，正渴望著與你一起建功立業。何不將他們綁上自己的戰車，至少你多了一個伴，對困難多了一份威懾。

懂得雙贏，知道利用合作來成就自己才是真聰明；狹隘求勝，抱著自己的那「一畝三分地」不肯與人合作的人很愚蠢。懂得這些，也許才是你幸福職業生涯的真正開始。

6感謝對手，危機是你的「增上緣」

處處以惡意面對別人，將會造成不協調的狀況使自己痛苦。處處以平等心、虔誠心來發現別人的優點，你將與天地間的一切和諧。

——雪峰禪師

在美國有一群瀕臨滅絕的鹿，被圈在一處水草豐美的地方保護起來，吃了睡、睡了吃，沒有任何天敵接近牠們。很快鹿群的數量越來越大，但隨之而來的是這些鹿的身體越來越差，科學家使用了各種辦法治療牠們都不見好。

最後有人提出把「狼醫生」請過來，當狼群來到鹿群中間時，「養尊處優」慣了的鹿群仍然傻傻地站在那裡。狼看到美食自然就撲咬過去，這時鹿群才知道爭相奔逃。就這樣，每天狼群追著鹿群在草原上飛奔，凡是跑不動的就會被吃掉。幾個月之後，這群鹿在狼的追趕下，已經變得「健壯如牛」。

這個故事似乎體現了一個自然法則：只有在充滿危機感和緊迫感的情況下才能更好地生存，沒有危險就是最大的危險。

當人類生活在安逸之中時，也面臨了和鹿群同樣的情況。世界上任何一個朝代的興起和滅亡都體現了同樣的原則。無數王朝的興起，都起源於被迫無奈之後的艱苦卓絕的努力；無數王朝的滅亡，也都是因爲沒有了危機感之後驕奢淫逸的結果。

打江山的人，很像是追逐著鹿群的狼群一樣，目標明確，行動迅速，不畏艱辛，最後傲視天下；而失去社稷的人，就像從來沒有見過狼群的鹿群一樣，已經失去了奔跑的速度和能力，只能任人宰割。

國家是這樣，個人也是這樣。如果一個人時時都有危機感，就會付出努力和危險進行對抗，在這一過程中，人處理各種複雜環境的能力就會不斷提高。這也是爲什麼往往在貧困的家庭中長大的孩子，更加容易產生堅韌不拔的奮鬥精神和毅力的重要原因。

在古老的森林裡，生活著一隻無憂無慮的老虎。因為在牠的管轄內，沒有一個食肉動物跟牠爭奪獵物。森林中有成群的牛、羊、鹿供老虎享用。老虎只有在餓了的時候去捕捉獵物，每一次都特別容易捉到。剩下的時間就是睡覺做美夢！

上帝看到了這一切，以為老虎很孤獨，就給牠派來了一隻雌虎為伴侶。

可是此舉並沒有改變老虎的習慣。老虎最多陪伴外來的「伴侶」走出山洞，到陽光下站一站，不久就又回到牠的「臥室」。還是每天餓了就去捕捉牛、羊、鹿，吃輕而易舉就得到的食物。

上帝想了想：老虎不應該是這樣子的，應該是兇猛的食肉動物，老虎不應該沒有危機感。至少要牠懂得食物來之不易，要有危機感。

於是，上帝把一群狼放到了森林裡，來和老虎爭奪食物。

結果，自從狼進了森林以後，老虎就再也沒有回到山洞裡，牠不是站在山頂長嘯，就是從山上下來，在草地上遊蕩，不再長時間睡覺，而是，不斷地和狼爭奪食物，對自己的食物有了危機感，有了凶猛的食肉動物的習性。

一種沒有對手的生物，一定是死氣沉沉的生物；一個人假如沒有了對手，同樣難免會變得安於現狀，不思進取，在怠惰和沒落中消沉。

逆境往往造就成功，所以，對手既不是敵人也不是冤家，而是諍友、摯友。

人生中，我們需要一個對手推自己「下河」，讓自己在阻力中前進，在競爭中發展；工作中，我們需要一個對手，對自己橫挑鼻子豎挑眼，督促你發現自己的不足，嚴要求，高標準。有了對手，我們就會把自己的潛能發揮到極致；有了對手，我們就會在與對手的比拚中提高素質，不斷進步。

在日常生活中，我們中的許多人，卻犯了這樣一個致命的錯誤：總在詛咒我們的敵人，因爲自己遇到了敵人而失魂落魄。這恰恰錯了，你應該爲自己有一個敵人或者是強大的對手而慶幸，爲自己遇到的艱難境遇而慶幸，因爲這正是你脫穎而出的機會。

感謝敵人和對手吧，因爲正是他們使你變得偉大和傑出。

第四章

超脫心魔——恐懼留給自己，勇氣分給別人

恐懼是我們生命中的不速之客，時時刻刻盤踞我們的心頭，每當內心或外在環境起了波瀾，它就迅即滲透到我們的意識中。

1 恐懼是世上最傷人的情緒

當你感到害怕和瘋狂時，你最大的潛力將會動彈不得。

——聖嚴法師

每個人的心裡都藏著一個名叫「恐懼症」的小魔鬼，它經常會在你不注意的時候偷襲你，讓你對這個世界充滿恐懼，面對這樣一個魔鬼，我們如何才能戰勝心中的恐懼？

一個平凡的上班族麥克•英泰爾，三十七歲那年做了一個瘋狂的決定，放棄了薪資優厚的記者工作，把身上僅有的三塊多美元捐給街角的流浪漢，只帶了乾淨的內衣褲，由陽光明媚的加州，靠搭便車與陌生人的仁慈，橫越美國。

他的目的地是美國東海岸北卡羅來納州的恐怖角。

這只是他精神快崩潰時做的一個倉促決定。某個午後他忽然哭了，因為他問了自己一個問題：如果有人通知我今天死期到了，我會後悔嗎？答案竟是那麼肯定。雖然他有不錯的工作，有美麗的女友，有至親的好友，但他發現自己這輩子從來沒有下過什麼賭注，平順的人生沒有高峰或谷底。

他為自己懦弱的前半生而哭。一念之間，他選擇了北卡羅來納州的恐怖角作為最終目的地，藉以象徵他征服生命中所有恐懼的決心。

他檢討自己，很誠實地為自己的恐懼開出一張清單：小時候他就怕保姆、怕郵差、怕鳥、怕貓、怕蛇、怕蝙蝠、怕黑暗、怕大海、怕城市、怕荒野、怕熱鬧又怕孤獨、怕失敗又怕成功、怕精神崩潰……他無所不怕，卻似乎「英勇」地當了記者。

這個懦弱的三十七歲男人出發前竟還接到老奶奶的紙條：「你一定會在路上被人強暴。」但他最終成功了，四千多英里路，七十八頓餐，仰賴八十二個陌生人的仁慈。

沒有接受過任何金錢的饋贈，在雷雨交加中睡在潮濕的睡袋裡；也有幾個像公路分屍案殺手或搶匪的傢伙使他心驚膽戰；在遊民之家靠打工換取住宿；住過幾個陌生的家庭；碰到過患有精神疾病的好心人……他終於來到了恐怖角，接到女友寄給他的提款卡（他看見那個包裹時恨不得跳上櫃檯擁抱郵局職員）。他不是為了證明金錢無用，只是用這種正常人難以忍受的艱辛旅程來使自己面對所有的恐懼。

恐怖角到了，但恐怖角並不恐怖。原來「恐怖角」這名稱，是由一位十六世紀探險家取的，本來叫「Cape Faire」，被訛寫為「Cape Fear」，只是一個失誤。

麥克・英泰爾終於明白：「這名字的不當，就像我自己的恐懼一樣。我現在明白自己一直害怕做錯事，我最大的恥辱不是恐懼死亡，而是恐懼生命。」

在人生的道路上，許多人因害怕失敗而不敢「輕舉妄動」。這種恐懼的心理，使許多人喪失了成就未來的大好時機。

有一處地勢險惡的峽谷，澗底奔騰著湍急的水流，而所謂的橋則是幾根橫亙在懸崖峭壁間光禿禿的鐵索。

一行四人來到橋頭，一個盲人、一個聾子，以及兩個耳聰目明的正常人。四個人一個接一個地抓住鐵索，凌空行進。

結果呢，盲人、聾子過了橋，一個耳聰目明的人也過了橋，另一個則跌下深淵失去了生命。

難道耳聰目明的人還不如盲人、聾人嗎？

是的！他的弱點恰恰源於耳聰目明。

盲人說：「我的眼睛看不見，不知山高橋險，所以心平氣和地攀索著。」

聾人說：「我耳朵聽不見，不聞腳下咆哮怒吼，所以恐懼相對減少很多。」

那個過了橋的耳聰目明的人則說：「我過我的橋，險峰與我何干？激流與我何干？只管注意落腳穩固就夠了。」

佛說：「擔心做出愚蠢的事，本身就是最愚蠢的事。喪失錢財，損失不大；喪失名譽，損失不小；喪失健康，損失慘重；喪失勇氣，一無所有。我們心中的恐懼永遠比真正的危險大得多。」

2 對生命最大的恐懼是恐懼本身

生活中沒有令人恐懼的東西，只有需要我們去瞭解的東西。

對於那些膽小的人來說，這個世界永遠處處有危險。

卑下慈忍降世魔，一心無二降心魔，不用妙術靈方，內外群魔自退。

——佛光大師

恐懼是我們生命中的不速之客，時時刻刻盤踞我們的心頭，每當內心或外在環境起了一點兒波瀾，它就迅即滲透到我們的意識中。通常我們想趕它出去、避開它時，多少也有一些對付恐懼的技巧或方法：排擠它，使它麻痹，跳過去或者否認它的存在。然而，恐懼始終潛伏著，如同死神從來沒有因爲我們不去想就自動隱退一樣。

各個民族的文化各有特色，不同國家的開發程度也有高低之分，每個人也都不一樣，但恐懼不受這些因素的影響。在我們操作了某些方法、採取了某些措施抵抗它之後，那些造成我們內心恐懼的事物，有沒有因此而改變呢？

有的。譬如打雷閃電已不再使我們戰慄害怕，日食與月食成爲大家觀賞的自然現象，人們不再認爲日月星辰將永遠消失，世界末日即將來臨。

但是，如今我們害怕的東西與古人不一樣，我們畏懼病毒，害怕新型絕症致我們於死地，害怕發生車禍，害怕年華老去和寂寞……令我們恐懼的東西依舊很多。

一支登山隊在攀登一座雪山。

這是一座分外險峻的山峰，稍有不慎，他們就會從上面摔下去，粉身碎骨。

突然，隊長一腳踩空，向下墜落。

他想發出一聲臨死前的悲呼，但是只要他一出聲，一定會有人受到驚嚇，攀爬不穩，再掉下去！他咬緊牙關，硬忍著不發出一點聲音來。

就這樣，他無聲無息地落在了萬丈冰谷裡。

親眼目睹這一慘烈場面的只有一個隊員。

本來，他是可以發出一聲驚叫的，但是多年的經驗使他明白，驚叫一聲不僅不能救回隊長，而且還會驚嚇其他隊員，給全隊帶來災害。

他像沒事人一樣繼續向上攀登，每登一步，眼淚都會掉下來。

登上峰頂後大家才發覺隊長不見了，他便把事情的真相說了出來。大家什麼都沒有說。

這是世界上最優秀的一支登山隊，因為它的隊員能夠坦然面對自己的死亡，也能坦然面對朋友的死亡。

他們不僅登上了自然的高峰，也登上了人性的高峰。

我們最深的恐懼不是害怕死亡，而是害怕活出真實的自己，沒有任何防衛地活出自己。生命充滿著喜怒哀樂，所謂真正的活著是指你知道自己無法躲開生命中的悲歡離合，尤其是悲和離。它們是生命的實相，也是最真實的我們。

什麼叫生命的實相呢?佛學大師這樣認爲：「我們的每一個思想：好的、壞的，你的每一個情緒：正向的和負向的，就和你的呼吸和心跳一樣，都是生命的奇跡。就像大海接納每一朵浪花一樣，生命也接納我們在每一刻的展現。我們就是一朵最獨特的浪花，允許以我們本來的面目去展現自己。」

「對生命最大的恐懼是恐懼本身」。這是從小就患有小兒痲痹症的羅斯福，在與死亡不斷抗爭、追求生命價值過程中的一個體悟，他揭示出來自人性深處諸如「恐懼」、「逃避」、「自私」、「虛榮」之類的致命弱點。

一代佛學大師南懷瑾先生說：「很多人修佛，只是爲了追求美好的情緒感受，這就像是孩子的玩具壞了，只想著玩具被修復，不想去接受玩具損壞的事實。想要真正的離苦得樂，我們需要成長，願意真心地去接納生命中的種種不如意，而不是用靈修作爲手段來修補它們、逃避它們。」

「我們只能試著培養抗衡的力量：勇氣、信任、知識、權力、希望、屈從、信仰以及愛。這些可以幫助我們接納恐懼，分析和研究恐懼，以百折不撓的精神與恐懼奮戰。」

如果你要求事情要在特定的時間以特定的方式呈現，而對最糟的結果有抗拒和恐懼的話，你就沒有真正的放下。唯有誠心地接受所有發生的事，才能放下恐懼，而恐懼是唯一阻礙你達到目標的障礙。讓我們無法放下恐懼的是我們對恐懼的抗拒和否認。

所以，要找到你的恐懼，把它視爲你的盟友而不是敵人，感謝它提醒你前面道路的危險，帶著它一起上路，讓它成爲你的助力而不是阻力。

3千萬不要一次承載一種以上的煩惱

憂慮就像根本不存在的債務，但我們卻在事先就支付了利息。

——惠明法師

著名的心靈導師戴爾・卡內基認爲，許多人都有爲小事斤斤計較的毛病。人活在世上只有短短幾十年，卻浪費了很多時間去愁一些一年內就會被忘掉的小事。

一九四五年三月，羅勒・摩爾和其他八十七位軍人在貝雅・SS三一八號潛艇上。當時他們的雷達發現一支日本艦隊朝他們開來，於是他們就向其中的一艘驅逐艦發射了三枚魚雷，但都沒有擊中，這艘艦也沒有發現。

但當他們準備攻擊另一艘佈雷艦的時候，它突然掉頭向潛艇開來（是一架日本飛機看見這艘位於六十英尺深的潛艇，用無線電告訴了這艘佈雷艦）。他們立刻潛到一百五十英尺深的地方，以免被日方探測到，同時也準備應付深水炸彈。他們在所有的船蓋上多加了幾層栓子，同時為了沉降保持安靜，他們關閉了所有的電扇、冷卻系統和發動機器。

三分鐘之後，突然天崩地裂。六枚深水炸彈在他們的四周爆炸，把他們直往水底壓——深達兩百七十六英尺的地方，他們都嚇壞了。按常識，如果深水炸彈在離它十七英尺之內爆炸的話，差不多是在劫難逃的。

那艘佈雷艦不停地往下扔深水炸彈，攻擊了近十五個小時，其中有十幾枚炸彈就在離他們五十英尺左右的地方爆炸。他們都躺在床上，保持鎮定。

但羅勒・摩爾卻嚇得不敢呼吸，他在想：「這回完蛋了。」在電扇和空調系統關閉之後，潛艇溫度升到近四十度，但摩爾卻全身發冷，穿上毛衣和夾克衫之後依然發抖，牙齒打顫，身冒冷汗。

十五小時之後，攻擊停止了，顯然那艘佈雷艦的炸彈用光之後就離開了。這將近十五小時的攻擊，對摩爾來說，感覺上就像有一千五百年。他過去的生活情景都一一浮現在眼前，他想到了以前所幹的壞事，所有他曾擔心過的一些無稽的小事。

在他加入海軍之前，他是一個銀行的職員，曾經為工作時間長、薪水太少、沒有多少機會升遷而發愁；他也曾經為沒有辦法買自己的房子，沒有錢買部新車子，沒有錢給妻子買好衣服而憂慮；他非常討厭自己的老闆，因為這位老闆常給他製造麻煩；他還記得每晚回家的時候，自己總感到非常疲倦和難過，常常跟自己的妻子為了一點兒芝麻小事吵架；他也為自己額頭上的一塊小傷疤發愁過……

多年以前，那些令人發愁的事看起來都是大事，可是在深水炸彈威脅著要把他送上西天的時候，這些事情又是多麼的荒唐、渺小。

就在那時候，摩爾向自己發誓，如果他還有機會見到太陽和星星的話，就永遠不會再憂慮。他認為在潛艇裡那可怕的十五小時裡所學到的，比他在大學讀了四年書所學到的要多得多。

針對人們都有煩惱的習慣，卡內基曾給出了一些富有哲理的法則：

「生命太短暫，不要再爲小事煩惱；

當我們害怕被閃電擊倒，怕所坐的火車翻車時，想一想發生的機率，會把我們笑死；要懂得閒暇時抓緊，繁忙時偷閒；

對必然的事輕快地承受，就像楊柳承受風雨，水接受一切容器一樣；

如果我們以生活來支付煩惱的代價，支付得太多的話，我們就是傻瓜；

當你開始爲那些已經過去的事煩惱的時候，你應該想到這個諺語：不要爲打翻了的牛奶而哭泣。」

的確，生命太短暫。尤其在步入三十歲之後，那種早晨剛睜開眼，轉瞬間已近黃昏的變化會讓人感到恐懼。那麼多有待我們去欣賞和感受的美好，哪還有時間去爲那些明天註定要被遺忘的事情煩惱呢！

4你的失敗，就在於你一直害怕失敗

你的失敗，就在於你一直害怕失敗。痛苦像夜間的黑暗，你越怕它，它就越可怕。所謂逃避，只是在閃躲自己的恐懼，而自己怎能擺脫自己？於是我學會，用逃避的力氣去迎擊。

——海濤法師

我們誰都不願意失敗，因爲失敗意味著以前的努力將付諸東流，意味著一次機會的喪失。不過，一生平順，沒遇到失敗的人，恐怕是少之又少的。所有人都存在談敗色變的心理，然而，若從不同的角度來看，失敗其實是一種必要的過程，而且也是一種必要的投資。數學家習慣稱失敗爲「或然率」，科學家則稱之爲「實驗」，如果沒有前面一次又一次的「失敗」，哪裡有後面所謂的「成功」？

全世界著名的快遞公司DIL創辦人之一的李奇先生，對曾經有過失敗經歷的員工則是情有獨鍾。每次李奇在面試即將走進公司的人時，必定會先問對方過去是否有失敗的例子，如果對方回答「不曾失敗過」，李奇直覺會認為對方不是在說謊，就是不願意冒險嘗試挑戰。

李奇說：「失敗是人之常情，而且我深信它是成功的一部分，有很多的成功都是由於失敗的累積而產生的。」

李奇深信，人不犯點錯，就永遠不會有機會，從錯誤中學到的東西，遠比在成功中學到的多得多。

另一家被譽為全美最有革新精神的3M公司，也非常贊成並鼓勵員工冒險，只要有任何新的創意都可以嘗試，即使在嘗試後是失敗的，每次失敗的發生率是預料中的百分之六十，3M公司仍視此為員工不斷嘗試與學習的最佳機會。

3M堅持的理由很簡單，失敗可以幫助人再思考、再判斷與重新修正計畫，而且經驗顯示，通常重新檢討過的意見會比原來的更好。

美國人做過一個有趣的調查，發現在所有企業家中平均有三次破產的記錄。即使是世界頂尖的一流選手，失敗的次數毫不比成功的次數「遜色」。例如，著名的全壘打王貝比路斯，同時也是被三振最多的紀錄保持人。

其實，失敗並不可恥，不失敗才是反常，重要的是面對失敗的態度，是能反敗爲勝，還是就此一蹶不振？傑出的企業領導者絕不會因爲失敗而懷憂喪志，而是回過頭來分析、檢討、改正，並從中發掘重生的契機。

沮特・菲力說：「失敗，是走上更高地位的開始。」許多人之所以獲得最後的勝利，只是受惠於他們的屢敗屢戰。對於沒有遇見過大失敗的人，他有時反而不知道什麼是大勝利。其實，若能把失敗當成人生必修的功課，你會發現，大部分的失敗都會給你帶來一些意想不到的好處。

猶太人說，這世界上賣豆子的人應該是最快樂的，因為他們永遠不必擔心豆子賣不完。

猶太人為什麼不怕豆子賣不完呢？

假如他們的豆子賣不完，可以拿回家去磨成豆漿，再拿出來賣給行人。如果豆漿賣不完，可以製成豆腐，豆腐賣不完，變硬了，就當作豆腐乾來賣。

還有一種選擇是：賣豆人把賣不出去的豆子拿回家，加上水讓豆子發芽，幾天後就可改賣豆芽。豆芽如果賣不動，就讓它長大些，變成豆苗。如豆苗還是賣不動，再讓它長大些，移植到花盆裡，當作盆景來賣。如果盆景賣不出去，那麼再把它移植到泥土中去，讓它生長。幾個月後，它結出了許多新豆子。一顆豆子現在變成了上百顆豆子，想想那是多划算的事！

一顆豆子在遭遇冷落的時候，可以有無數種精彩的選擇，一個人更是如此。

人生總免不了要遭遇這樣或者那樣的失敗。確切地說，我們每天都在經受和體驗各種失敗。有時候，我們甚至會在毫不經意和不知不覺之間與失敗不期而遇。面對失敗，我們又往往會採取習慣的對待失敗的措施和辦法——或以緊急救火的方式撲救失敗，或以被動補漏的辦法延緩失敗，或以收拾殘局的方法打掃失敗，或以引以爲戒的思維總結失敗……條條道路通羅馬。當我們失敗時，如果能夠靜下心來，坦然面對，換一個角度去思考，那麼在我們從另一個出口走出去時，就有可能看到另一番天地。

美國著名作家海明威在《老人與海》中，闡述了這麼一個關於人的尊嚴的道理：「人可以被消滅，但不能被打敗！」

人的可貴之處在於，無論我們跌倒多少次，都能從失敗的廢墟上站起來！站立的人方顯得高大，人生也會因此而顯得絢麗多彩。作爲一個現代人，應具有迎接挑戰的心理準備。世界充滿了機遇，也充滿了風險。要不斷提高自我應付挫折的能力，調整自己，增強社會適應力，堅信挫折中蘊含著機遇。

5 給痛苦一張名片

當我們擺脫幻想的時候，也就是恐懼離開的時候。不要作繭自縛，停止成為消極情緒的犧牲者。

——聖嚴法師

誰也無法避免悲劇的發生，比如我們遭遇了疾病、意外，失去了健康、失去了財產等，這都會讓我們自責、後悔、抱怨。在痛苦中糾纏不休，無法接受痛苦的時候，痛苦就像是緊箍咒，越痛越緊，越緊越痛。

在幻念之中，痛苦是有形狀的，它就像一張劈頭蓋臉撒下來的大網，越是掙扎也就越痛苦；痛苦是有顏色的，是漫無邊際的黑色，它的重量是三座大山壓迫的承載，它的心情是抱臂冷觀的幸災樂禍。但是它懼怕你，懼怕你站起來，用那雙尋找光明的眼睛直視它，面對它，當遭受痛苦再站起來跟它面對面的時候，你已經粉碎了痛苦。

英國史學家卡萊爾經過多年的艱辛耕耘，終於完成了《法國大革命史》的全部文稿。他將原始稿件送給了好友米爾閱讀，希望米爾能夠給自己提出更好的建議。

沒過多少天，米爾就臉色蒼白、渾身發抖地跑來，他向卡萊爾報告了一個再悲慘不過的消息。原來《法國大革命史》的原稿，除了少數幾張散頁外，已經全被他家裡的女傭當作廢紙，丟入火爐化為灰燼了。

更讓卡萊爾絕望的是，當初他每完成一章，傭人便隨手撕碎了原來的筆記、草稿，沒有留下任何記錄。這意味著他若想繼續，一切必須從零開始。

但是，向子孫後代講述法國大革命史的願望漸漸驅散了卡萊爾的絕望之雲。他重振精神，買來一大疊稿紙，決定重新搜集整理素材，並第二次完成了《法國大革命史》。

後來他說：「這一切就像我把筆記簿交給小學老師批改時，老師對我說：『不行！孩子，你一定要寫得更好些！』」

很多時候，當我們犯下錯誤時，有的人總是待在悔恨的誤區中不能自拔，爲此讓自己的心永遠站在了失敗上。

既然沒有能力去改變過去，既然到最後還是要承認、面對、接受，不如早一點主動地去接受那些不幸，接受生活的真相。

當你接受了，就不會浪費時間再去抱怨諸多不公，抱怨自己命運坎坷。然後才能心境坦然地面對，也才能由此迸發出更多的正能量。

> 在許多人眼中，美國著名的投資大師奧爾特•巴頓是個非常聰明的投資者。然而，即便巴頓再聰明，也有犯錯的時候。
>
> 幾年前，巴頓在一次看似十拿九穩的投資中，因為一個粗心的分析，導致資料出現偏差，損失了一大筆資金。但是巴頓卻顯得異常沉著，沒有在錯誤出現的時候手忙腳亂，也沒有推脫自己的責任，而是主動誠懇地向合夥人道了歉，並且宣佈「一定會從這次失誤中吸取教訓」。
>
> 之後巴頓再次投資創業，並從中吸取教訓，最終獲得了巨大的成功。
>
> 在接受記者採訪時，巴頓大聲宣告：「如果能時刻反省自己的不足，那麼上一次失敗的經驗，將會成為下一次成功的秘訣。」

換個角度看看，不幸不正是催生美好未來的力量嗎？霍金、貝多芬、海倫•凱勒……並不是因爲上帝多麼垂憐他們，事實上，相對於普通人，上帝給他們的更少一些，而是因爲他們勇於接受事實，接受生活的真相。

悲劇發生了，就要給它一張名片，承認它。承認是第一步，不承認它你就無法面對它，不面對又如何解決它呢？正視它之後並沒有被嚇倒，將那些痛苦用形而上的意識轉化爲意志力的「運動場」，當你大汗淋漓地跑完全程，克服了跌倒和疲勞，就會獲得愉快的體驗。

痛苦是一塊生命的試金石。你有痛苦，說明你正在不停地探索著；你有痛苦，意味著有一粒希望的種子在心中萌動。痛苦是智慧的第一抹曙光。在這個世界上，沒有痛苦，人就只有卑微的幸福；沒有痛苦，人的心靈永遠無法成熟。哲人在痛苦中孕育，詩人在痛苦中誕生，豪傑在痛苦中崛起。

在這個紛繁的社會裡，誰不是在經歷了痛苦之後，才找到了自身的價値，才洞悉了生命的奧秘和本質！痛苦提升人的靈魂，痛苦又折磨人的肉體。一個強者或智者並非沒有痛苦，只不過他善於把痛苦的痕跡演繹成前進的軌跡。

苦，不要一味地迴避和躲讓。因了它，我們的人生才變得多姿多彩，我們的意志才變得堅忍不拔，我們的思維才變得成熟敏捷。學會迎接痛苦、面對痛苦、化解痛苦，將痛苦轉化爲支撐人生的脊樑。

6接納和化解壞情緒

內心執著、有成見、主觀，猶如鏡子染塵，反映的影像會失真。我們內心的執著，如果不是擇善而固執，一旦固執自有了主觀「成見」，內心的覺識就會依照主觀覺識產生想不開、看不清、聽不明、想不通的困境，這就是「困擾」形成的原因。

——慧律法師

日常生活中，我們每個人難免會有一些憂慮、擔心等負面記憶的存在，而這些負面的記憶長期積壓之後，壓抑在我們內心裡，累積多了就會形成壓力。

特別對於一些不平的想法、不合理之事、受屈受辱的記憶……壓抑在我們內心裡太久了往往會對心靈造成創傷，應當設法把它們從內心之中釋放出來。那麼，如何釋放呢？

當我們產生了負面情緒時，最好不要去抑制、否認或掩飾它，更不要責備自己，對自己生氣。我們要先坦然地承認並且接納自己的負面情緒，不論它是沮喪、憤怒、焦慮還是敵意。

生活中，每個人產生負面情緒是很正常的，它提醒你對現狀要有所警覺，是改變現狀的先決條件。如果一個人不爲自己的成績差而沮喪，他就不會想努力學習；如果一個人不爲和別人的矛盾而苦惱，他就不知道自己的人際交往方式需要改變。

所以，不要怕產生負面情緒，也不要否認或逃避它，要首先接納它，然後再想辦法解決引起負面情緒的問題。

我們不妨對自己說：「不論我產生什麼樣的負面情緒，我選擇積極地正視、關注和體驗它，我將從中瞭解自己的思想和問題，並給以建設性的解決方法。」

索尼公司創始人盛田昭夫曾經說過這麼一個故事：

東京帝國大學的畢業生在索尼公司一直非常受歡迎。有個叫大賀典雄的帝國大學高材生，是一位有才華的青年。他加入索尼公司之後曾多次與盛田昭夫爭論，盛田昭夫喜歡這個直言不諱的年輕人，並非常器重他。

出人意料的是，後來盛田昭夫居然把大賀典雄下放到了生產一線，給一位普通工人當學徒。這讓很多員工迷惑不解，甚至懷疑大賀典雄得罪了盛田昭夫。有人為大賀典雄感到不平，但大賀典雄只是淡淡一笑。

一年後，更讓人大跌眼鏡的事情發生了，還是學徒工的大賀典雄居然被直接提拔為專業產品總經理，員工們百思不得其解。

在一次員工大會上，盛田昭夫為大家揭開了謎團：

「要擔任產品總經理，必須要對產品有絕對清楚的瞭解，這就是我要把大賀典雄下放到基層的原因。讓我高興的是，大賀典雄在他的崗位上幹得不錯。然而，讓我堅定提拔他的念頭是——整整一年，他在累髒卑微的工作環境下居然沒有任何牢騷和抱怨，而且甘之若飴。」

人們終於明白了其中的原因，不由報以熱烈的掌聲。五年後，也就是在大賀典雄三十四歲那年，他成為了公司董事會的一員，這在因循守舊的日本企業，簡直是前所未聞的奇跡。

奧地利小說家茨威格說過：「機會看見抱怨者就會遠遠避開。」與其牢騷抱怨，不如問問自己：在不盡如人意的環境裡，我能做些什麼？

・當你情緒激動時，別忘了做個深呼吸。人們在情緒激動時，容易出現胸悶、呼吸困難的現象，或在心情不愉快時大腦紊亂，想法較多，此時體內的血液運輸系統處於呆滯狀態，身體極度缺氧，所以通過加深呼吸即深呼吸，可以增加外界氧氣的供給量，提高肌體的運輸功能，有效地解除胸悶，達到調節心情的功效，此種方法簡單易行，可運用於我們日常繁雜工作的每一個角落。

・當你覺得不愉快的情緒湧上心頭時，你不妨將精力轉移到那些與這種情緒完全相反的方面上。當你心情壓抑、深重時，千萬別一個人躺在床上或呆坐在屋內，你可以讓外面優美的風光陶冶你的性情，讓開闊的視野排除心頭抑鬱。事實證明，改變或脫離不利環境，可以使你從不良的情緒中及時地解脫出來。

・當你受到刺激，遭遇打擊時，千萬不要把這些負面的情緒壓抑在心頭，要想方設法地把它發洩出來。你可以找個合適的場合，以合適的方法發洩一通，以達到排解消極情緒的目的。比如，當你的心情壓抑時，你可以去踢足球，將火「發」在它們身上；當你被別人誤解而又沒有機會解釋時，你可以將事情的來龍去脈、前因後果寫在日記本上，從「傾訴」中得到慰藉。

・當你感到沮喪、氣餒、悲觀失望的時候，最好不要怨恨自己、數落自己、責怪自己。你要相信自己是可以和別人一樣獲得事業的成功，得到生活的幸福。你必須堅信，不管發生什麼，你仍將是幸福的、快樂的。

・當一些不愉快的往事縈繞你的心際，使你難以解脫時，你不妨像清理家裡無用的陳舊雜物一樣，將腦中這些記憶垃圾清除出去。辦法就是忘記它，徹底抹去這些記憶。這是一種有效控制情緒的好方法，是一種自我保護機制。如果我們將這些不愉快的事從心裡清除出去，我們就會覺得心裡十分輕鬆。

・自我安慰是改變個人不良情緒的重要方法之一。它是以一種未能成立或實現的假設來安慰自己，從而求得心理平衡的良方，非常類似於我們通常所講的「阿Q精神勝利法」。

・對於不良情緒的出現，還必須學會分析這些情緒產生的原因，並弄清楚究竟爲什麼會苦惱、憂愁或憤怒。有些事情確實令人煩惱、氣憤，那麼，就要尋找適當的方法和途徑來解決它。

・有時候，不良情緒靠自己獨自調節還不夠，還需要借助別人的疏導。當你有了苦悶的時候，可以把悶在心裡的一些苦惱向家人、朋友傾訴，訴說委屈和痛苦，發牢騷等。這樣，不僅可以排除心頭的煩惱，而且還可以得到他人的幫助。

第五章

懷著信念作戰，等於擁有雙倍的裝備

如果懷著正義的目的和信念做事，就會充滿必勝信心和無窮力量，從而能輕鬆獲得成功；如果懷著邪惡目的和信念做事，就會底氣不足，導致失敗。

1 不同的信念造就不同的生活

判斷力加上企圖心，再以活力作為調味劑，這就是成功的美味食譜。

——星雲大師

人生的結果是由很多因素決定的，你的天生資質，你的能力，都會影響最後的結果。但是這所有的因素中，信念無疑是最重要的一個。天賦可以由勤勞來彌補，能力可以通過實踐來鍛煉，而這一切的一切都需要信念的支援。

沒有堅定的信念，人生就會像彈簧，遇強則弱，遇難便縮。而你所具有的資質、能力等一切也都終將發揮不出來，只能隨著你的信念一起萎靡退縮。信念決定結果，信念不同結果就會不同。

一個魔鬼來到一個村莊。它看見這個村莊富饒豐裕，就住了下來。它每天偷雞摸狗，害得大家不得安寧。村長奇里決心找魔鬼決鬥，為村民除害。

有一天，村長奇里在草原上走，尋找魔鬼。迎面碰到一個人，他們互相問好。

對方問：「你往哪裡去？」

村長回答：「我去尋找魔鬼。」

對方問：「為了什麼？」

村長答道：「我想除掉它，解救村民。」

這時對方說：「我就是魔鬼。」

村長一聽，就向它衝去，雙方打了起來。奇里終於戰勝了魔鬼，把它打倒在地，接著拔出短刀，準備下手。

這時，魔鬼止住了他，說：「村長，且慢下手，你可以殺死我，但先聽我講幾句話。」

「說吧。」村長說。

「你殺死我沒有一點好處。」魔鬼說，「如果你饒了我，我保證每天早晨在你的枕頭下放二十個金幣，直到你生命的最後一天。」

村長一聽這話，就馬上動搖了，心想：

我打死它，有什麼好處？它又不是世界上唯一的魔鬼，因為世上的魔鬼有千千萬萬。我若饒了它，每天我就可以得到二十個金幣！於是，村長奇里同魔鬼訂了協議，放走了魔鬼。

第二天早晨，村長奇里發現枕頭底下真的有二十個金幣，心裡大喜。這樣，持續了一個星期，村長奇里對誰也沒有說過這件事。

一天早晨，村長奇里醒了，手伸到枕頭下摸錢，但一個錢也沒有摸到。他感到納悶，心想，大概是魔鬼忘記了，明天它一定會放好這兩天的錢。

但是，第二天枕頭底下還是沒有錢。村長奇里又等了一天，還是沒有錢。這時村長奇里冒火了，就出去尋找魔鬼。

在同一草原上的同一個地方，他們又相遇了。

「喂，騙子！」村長奇里對魔鬼說，「你不遵守承諾！」

「我承諾了你什麼？」魔鬼問。

「你保證每天給我二十個金幣，起先我倒是每天都收到的，可是現在，我已經連續幾天沒有收到錢了。」

「村長啊，」魔鬼回答說，「我一連幾天給你錢，後來就不願給了。如果你不滿意的話，我們就決鬥吧。」

村長奇里相信自己的力量，因為他已經戰勝過魔鬼一次。

但這一次，魔鬼舉起了村長，摔在地上，並且坐在他的胸上，拿出短刀，準備下手。

這時，村長說：「魔鬼，你可以殺死我，但請允許我提一個問題。」

「提吧。」魔鬼答應了。

「一個星期之前，我們碰面後進行了較量，我勝了你。為什麼現在我們兩個都毫無變化，你卻戰勝了我？」

魔鬼笑著說：「原因是第一次你是為了正義的事業同我決鬥的，而現在你找我是為了要錢，為了個人復仇，所以我才能不費力氣地戰勝你。」

如果懷著正義的目的和信念做事，就會充滿必勝的信心和無窮的力量，從而能輕鬆獲得成功；如果懷著邪惡的目的和信念做事，就會底氣不足，從而導致失敗。懷著什麼樣的目的和信念做事，就會有什麼樣的結果。

信念——行爲——結果。人的行爲是受信念支配的，而人們所創造的結果是由行爲產生的。所以，有什麼樣的信念，就會導致什麼樣的結果。

美國哲學家拉爾夫・愛默生曾經說過：「我們的所想決定我們的所爲。」他把這條原則稱爲「至高無上的規律」。

詹姆斯・艾倫也說過：「一個人外在的生活狀態總是可以在他內心深處找到根源。」實際上，不同的信念造就不同的生活，不同的理想便會有不同的結果，這是數千年來亙古不變的真理。

花點時間再想想你的信念。通常你對事情的期望是好，還是壞？你希望自己的心血是終有所成，抑或付諸東流？在艱難環境中，你看見的是自己的潛能，還是路上的絆腳石？

不幸的是，許多人悲觀多於樂觀。要想人生改變的第一步，就是認識改變的本質。若心存無力感，便會成爲沒有能力的人，要想改變，就要消除無力感，從相信自己辦得到開始。人群的領導者，就是那些能看見良機的人，哪怕他們走進沙漠、亦能尋到花園。如果你非常地相信可能，就有可能達成。

2 如何才能看清楚自己要什麼

目標是人生最大的醒悟劑。貪圖遙不可及的夢想，卻遺忘身邊最實際的心願，是一種疏失，能夠借生活沿途的薪材，一路架構，才是真的生活者、成功者。

——一休禪師

從小學開始，我們就被老師和家長逼迫樹立自己的理想。寫作文的時候，我們會敷衍性地寫出「醫生」、「律師」、「科學家」之類的空頭名號。在不清楚職業內容的情況下，何談想要什麼？

高中畢業——選擇專業——進入大學就讀——順利畢業——找到工作。大多數人的生活軌跡都是這樣平平穩穩、無驚無喜的。恍然有一天，疑惑自己到底在做什麼，自己到底想要的是什麼？很多人頭痛難忍，想不清楚，然後用「反正幾乎所有的人也都是這樣活著，不知道自己要的是什麼，找不到生活的方向，我還不是照樣活著」的話來安慰自己。如果問他們「你真正想要的是什麼」，他們或許會反問「我爲什麼一定要知道這個問題的答案呢」。

我們不斷地在不同的演講場合、勵志書籍中看到、聽到「做你真正想做的事」，聽得耳朵都出繭子了，但是，真正能做到的有幾人？

但是，有時候並非是障礙讓我們無法隨心所欲，而是我們根本不清楚自己想做什麼！太多的人不敢問，因爲害怕失望而不敢提出疑問，心存僥倖得過且過。

史蒂夫・約伯斯在斯坦福大學的演講中，談到我們曾經聽過無數遍的忠告：

你必須找到你自己真正喜歡的東西，在工作上是這樣，在愛人上也是這樣。工作會佔據你生命的一半，真正滿足自己的唯一方法就是做你認爲値得的工作，而能讓你覺得自己的工作偉大的唯一方法，就是喜歡你正在做的事。

那麼，問題自然地出來了，我們如何才能儘早知道自己想要什麼？這是一個很大的問題。讓我們沮喪的是，我們總是聽到別人告誡自己一定要做自己喜歡的事，但是從未有人一步一步地教會我們如何找到自己喜歡做的事。

爲什麼有這麼多人在尋找自己喜歡做什麼的時候遇到困難呢？因爲他們從來未曾真正審視自己。在生活和工作節奏這麼快的現代社會，把時間花在自己身上，似乎成了無所事事的標記。

人們總是通過持續地做某件事情，不管是玩遊戲、和朋友一起聚會、還是參加各種職業培訓班等等來證明自己的存在。做這些事本身沒有任何問題，但是卻讓人懷疑大多數人都有著「我每分鐘都要做一件事情，因爲我不能跟自己獨處」的心態。人們想盡辦法充實自己生活的每一個角落，但現實卻恰恰相反，人們越生活越不知道自己要什麼。

現在，讓我們明確自己想要什麼吧：

第一步：對自己說，你一定會找到答案

給自己肯定的心態，你可以找到答案。這個過程會花費很長的時間，但沒有關係，確定感可以幫助你逐步獲得「反自我放棄」的身體機制，避免在尋找答案的過程中，因失望而放棄。

第二步：列出自己的願望清單和技能清單

不要覺得你可以在自己的頭腦裡做這一切，拿張紙，寫下來。列出每一個你自己的興趣和每一種哪怕微不足道的技能。也可以想想自己對什麼不感興趣，然後寫下對應面。或許你會發現技能和興趣的重合，將那些記下來，用於第三步。

第三步：留出一些真正獨處的時間，集中精神，通過問自己正確的問題來描繪自己想要做的事

人們總會留出時間聽音樂、烹飪、看電影、讀書，但當關係到他們自己個人未來的時候，卻從來不曾留下任何時間，這讓人很驚奇。在獨處的時候，你必須問自己一個十分清楚的問題，清晰在這裡是關鍵，問題越清晰，答案也就會越簡單。不要一上來就問自己「我喜歡做什麼？」這樣的問題太寬泛，讓我們把它變窄點，嘗試著問你自己：

我在日常生活中喜歡什麼，能夠同時利用我的能力和興趣，爲自己和別人創造價值嗎？

這種價值是通過什麼方式創造的？

這種價值創造如何與事業結合在一起，通過什麼方式賺錢？

即便某個答案看起來很荒謬，也請你寫下來。寫下你所有的答案，仔細流覽，你會發現，當你寫下答案並且看著它們，會驅使你萌生想寫新答案的念頭，可能讓你注意到以前從來不曾關注過的領域和答案，你會爲你所寫的東西而感到驚奇。你會知道，自己想要的到底是什麼？是你正在努力的，還是你曾經放棄的？

3每天淘汰自己

你的痛苦終究來自於你，你的快樂終究來自於你。吃西瓜時不要因為有籽而感到麻煩，你要多想吃果肉時的甜美就會快樂。

——寒山禪師

英國心理學家薩蓋做的實驗證明：戴一塊手錶的人知道準確的時間，戴兩塊手錶的人便不敢確定幾點了。

易趣公司CEO吳世雄對此深有體會：「中國市場上的誘惑太多，機會太多，割捨最難。不是做什麼最難，而是決定不做什麼最難。」

公司的商業機會如此，員工的職業規劃也如此。

拿亨利・福特來說吧，當年愛迪生公司許諾福特做主管，條件是福特要放棄內燃機車的研製，福特的選擇很輕鬆：「我早就知道我一定會選擇汽車。」年輕的福特知道自己存在的價值，知道自己的路與眾不同，他要做的就是汽車製造的先驅，而不是區區一個不知名的主管。如果福特當年選擇做主管，很難說還有現在的福特汽車公司，也難說美國是一個車輪上的國家。

再來看托馬森．沃森，他被攆出公司時已經四十歲了，而且拖家帶口，但即使在那個時候，他選擇職業時也很嚴格。他先後拒絕了製造潛艇的電船公司和生產武器的雷明頓公司的邀請，他覺得這些紅火的公司在二戰後就沒有什麼前途了。道奇公司請他做總經理，但不能分紅，沃森也沒有接受。

如果沃森沒有拒絕這些對別人來說十分誘人的職位，也就沒有了後來的IBM公司。

不可否認，不放棄是一種良好的品性，但是問題是，如果你所堅持的目標是錯誤的，而你仍要奮力向前，遲遲不願放手，那只能說這是一種愚蠢的行為。在錯誤的道路上，過分堅持會導致更大的錯誤。成功者的秘訣是隨時檢查自己的選擇是否出現偏差，從而合理地調整目標，放棄無謂的堅持，輕鬆地走向成功。

因此，我們要學會靈活地看待放棄和選擇，什麼時候應該放棄，要根據自己的情況而定。諾貝爾獎得主萊納斯．波林說：「一個好的研究者應該知道發揮哪些構想，丟棄哪些構想，否則，會浪費很多時間在無用的事情上。」

從前，有兩個農夫，他們每天都要翻過一座大山去耕地。有一天傍晚，他們在回家的路上發現路邊有兩大包棉花，兩人喜出望外，如果將這兩包棉花賣掉，足可使一家人一個月衣食無憂。所以，兩人馬上各自背了一包棉花，匆匆趕路回家。

走著走著，其中一個農夫看到山路上竟然有一大捆布。走近細看，竟是上等的絲綢，足足有十幾匹。欣喜之餘，他和同伴商量，一同放下背上的棉花，改背絲綢。

可是同伴卻不同意他的看法，他認為自己背著棉花已經走了一大段路，到了這裡丟下棉花，豈不枉費自己先前的辛苦？不管他怎麼勸，同伴都不聽，沒辦法，他只好竭盡所能地背起絲綢，跟同伴繼續前行。

又走了一段路後，背絲綢的農夫看到樹林裡有東西在閃閃發光，走近一看，竟然是很多黃金，農夫心想這下真的發財了，趕忙邀同伴放下肩頭的棉花，改為背黃金。

同伴仍然堅持要背著棉花，以免枉費先前的辛苦，並且懷疑那些黃金不是真的，勸他不要白費力氣，免得到頭來空歡喜一場。

發現黃金的農夫只能盡己所能，用絲綢包了兩包黃金，然後和同伴一起回家。

快到家的時候，突然下起了瓢潑大雨，兩個人無處躲藏，全身都淋透了。更不幸的是，背棉花的農夫背上的大包棉花吸飽了雨水，壓得他喘不過氣來。棉花已經浸水，也沒人願意要了，無奈之下，農夫只好丟下一路辛苦背來的棉花，空著手和挑金子的同伴回家去了。

很多時候，人們只看到了放下時的痛苦，卻忘記了不放下所可能帶來的更大的痛苦。電影《臥虎藏龍》裡有這樣一句很經典的話：當你緊握雙手，裡面什麼也沒有；當你打開雙手，世界就在你手中。

只有懂得放棄，才能在有限的生命裡活得充實、飽滿。

佛教中所說的「放下」，不是說什麼都不要，而是說究竟要什麼，要多少，這才是最重要的。正如羅斯頓所說：「你的身軀很龐大，但是你的生命需要的僅僅是一顆心臟。多餘的脂肪會壓迫人的心臟，多餘的財富會拖累人的心靈，多餘的追逐、多餘的幻想只會增加一個人生命的負擔。」

喬丹，NBA籃球界的一個奇跡，他是全世界人們最為耳熟能詳的籃球運動員，曾經獲得過無數次輝煌的成績。那麼，他是如何從一個名不見經傳的普通球員，成長為國際明星的呢？

在喬丹還是個不太知名的普通球員時，有一次，他所在的隊取得了一場比賽的勝利，和同伴們一樣，喬丹也沾沾自喜地暢說著自己內心的喜悅之情，而一旁的教練卻顯得相當冷靜。

他把喬丹叫到一旁，用十分嚴肅的口氣對他說：「你是一個優秀的隊員，可是在今天的比賽場上，我不得不說你發揮得極差，完全沒有突破自己，你離我想像中的喬丹還差很遠。你要想在美國籃球隊一鳴驚人，必須時刻記住——要學會自我淘汰，淘汰昨天的你，淘汰自我滿足的你，否則你就不會有尋求完善的心……」

聽了教練的話，喬丹慚愧極了，他將這些話銘記於心，時刻激勵著自己。在不懈的努力下，喬丹的球技得到了迅速的提升，他終於挺進了芝加哥公牛隊。後來，他又成為全美國乃至全世界家喻戶曉的「飛人」。

日後，喬丹曾多次表示過，自己取得的成績離不開教練當初的那一席話，是教練讓他明白必須忘記過去的輝煌，才能更加集中精力應對眼前的事情。即便在他已經成為籃球巨星的時候，依然不忘用當初的那些話來提醒自己。

喬丹的成功，正是因為他不斷地進行自我淘汰，從而不斷地完善自我，走向一個又一個輝煌。失敗不是成功的最大敵人，自滿才是。假如人不自滿，成功會成為你如影隨形的朋友。對於稱讚自己的人，要視作鼓勵自己的人。但是這並不等於自己就像所鼓勵的話一樣，可以得到一百分，得到成功。

自滿的人的路是短的，因為當別人還在繼續向前奔跑的時候，他卻以為已經到達終點了，完全不知道自己已經被拋在後面了。所以，我們要做的，也是最不容易做到的，那就是狠心地把自滿淘汰，把沉浸在昔日輝煌成就中的心淘汰，不斷地為自己充電，使自己能夠有足夠的資本可以再造輝煌。

「每天淘汰自己，不斷地自我更新，自我挑戰」，世界首富比爾・蓋茨就是靠這樣的精神與信念獲得了今天的成就。他沒有因爲有了世界首富的光環而滿足於現狀，在他的理念中，與其讓競爭對手開發新的作業系統挑戰他或者取代之，不如先自我淘汰，不但能夠領先市場、主導市場甚至於壟斷市場，同時也讓其對手難以跟上。

聰明的人會最先掌握這種通向成功的有力法寶，明智地與時代並進，做行業的主流。

4 培養堅定的心力

最偉大的事業：最需要堅定的心力，急，只會退步；執，只會錯誤。與其事後懊悔，為什麼不事先謹慎？

——星雲法師

人人都想成功，都想出人頭地，成爲富翁、專家、學者、政要，可是在看到他們成功、風光的同時，我們是否注意到，他們也曾經胼手胝足、寒窗苦讀，以及數十年如一日的艱辛奮鬥？

天下沒有免費的午餐，事業的成功、智慧的積累，都需要血汗的付出和不斷地磨煉。沒有地基的空中樓閣難以矗立晴空，世上根本就沒有一蹴而就的事業。如果你還在做一夕致富、瞬間成名的美夢，卻不懂得努力勤奮、循序漸進，那麼你遲早會毀於那些不切實際的夢幻。

有一個學僧到法堂請示禪師道：「禪師！我常常打坐、時時念經、早起早睡、心無雜念，自忖在您座下沒有一個人比我更用功了，為什麼就是無法開悟？」

禪師拿了一個葫蘆、一把粗鹽，交給學僧說道：「你去將葫蘆裝滿水，再把鹽倒進去，使它立刻溶化，你就會開悟了！」

學僧拿著葫蘆，遵示照辦，沒過多久，跑回來說道：「葫蘆口太小，我把鹽塊裝進去，它不化；伸進筷子，又攪不動，我還是無法開悟。」

禪師拿起葫蘆倒掉了一些水，只搖幾下，鹽塊就溶化了，禪師慈祥地說道：「一天到晚用功，不留一些平常心，就如同裝滿水的葫蘆，搖不動，攪不得，如何化鹽，又如何開悟？」

學僧：「難道不用功也可以開悟嗎？」

禪師：「修行如彈琴，弦太緊會斷，弦太鬆彈不出聲音，中道平常心才是悟道之本。」

學僧終於領悟。

在這個世界上，成功不是上天註定的，如果你想獲得成功，想和別人擁有一樣的生活和地位，就要靠自己的努力去爭取。假如每個人都靠空想而獲得成功，那麼這成功又有什麼意義呢！所以要想安安穩穩地享受成功，就必須腳踏實地地去努力，停止做一些不切實際的夢。

但凡取得一些成就的名人、藝術家，他們都是靠自己艱辛的努力才換來眼前的一切的，沒有哪一個是通過投機取巧、坑蒙拐騙的方式取得成功的。我們爲什麼要上學，而且必須十年寒窗，其實就是爲了打下一個良好的基礎，沒有基礎，怎麼能談得上成功呢？

每一條黃河鯉都想躍過龍門，因為只要躍過龍門，牠們立即就會變為超凡入聖、騰雲駕霧的巨龍。

可是，龍門實在太高，數萬年來，也只有幾條黃河鯉躍過了龍門。其餘的黃河鯉累得筋疲力盡，碰得頭破血流，卻只能望龍門而興歎。

這天，牠們集合起來，一起向佛祖禱告，求他發發慈悲，把龍門降低一些。還說如果佛祖不答應，牠們就跪在地上不起來。結果，牠們還真的一連跪了九九八十一天！佛祖終於被感動了，為了照顧大多數黃河鯉，佛祖把龍門的高度降到了最低限度，以確保每一條黃河鯉都能躍過。

黃河鯉們一邊高呼「佛祖萬歲」，一邊輕輕鬆鬆地躍過龍門，陸續擁有了夢寐以求的龍身。

但是，牠們不久後發現，大家都變成了龍，跟以前做鯉魚的時候也沒什麼不同。於是，牠們再次集合起來向佛祖禱告，問佛祖為什麼自己做了龍卻沒有做龍的感覺？

佛祖即刻現身，說：「真正的龍門怎麼會降低呢？你們要想體會真正的龍的感覺，還是回去重新跳那個沒有降低高度的龍門吧！」

成功路上沒有捷徑，自欺欺人的結果只能是自食苦果。世上的成功者，就像躍過龍門的鯉魚，必須經過千辛萬苦，不斷磨煉。如果猴子穿上衣服就能變成人，這個世界豈不亂套？面對現實吧！大家都成了龍，反倒沒什麼稀罕了。

一朝成名的事我們經常在電影裡看到，但是回到現實中，有多少人能不費吹灰之力而獲得成功呢？我們這個社會上，有太多的年輕人總愛做夢，總想著自己什麼時候買彩票中個五百萬，什麼時候可以一夜之間變成大明星。這些夢想都是小說中才有的情節，現實中不要指望著這些事情能改變自己的命運。我們能做的就是腳踏實地地去工作，這才是我們應該考慮的問題。

5 對目標堅定有恆

成功的秘密在於對目標堅定有恆，能看透死生而置於度外者，最能成功。自助為成功最佳之策；準確守時，為事業的靈魂。

——慧遠禪師

有一天，一位禪師帶領弟子們念完佛經後，對眾弟子說：「讀萬卷書，還要行萬里路。光讀經書不做事是不行的。走，我帶你們插秧去！」

插秧誰不會啊？弟子們爭先恐後地下田忙活起來。但是，他們插的秧苗彎彎曲曲，只有禪師插的秧是一條直線。

弟子們大惑不解：「師父，你是不是有什麼插秧的秘訣，為什麼你插的秧苗像用尺子量過的那樣整齊？」

禪師笑著說：「其實很簡單，你們插秧的時候眼睛盯著一樣東西就能插直了。」

弟子們如獲至寶，馬上動手實踐，可這次插的秧苗竟然是一道彎曲的弧線。

「師父，我們照你說的做了，還是插不直。」

「你們是否一直盯著一樣東西？」

「是啊，我們盯住了水田旁邊吃草的水牛，那可是一個顯眼的大目標啊。」

「水牛邊吃草邊走，你們盯著牠插秧，牠不停地移動，你們怎麼可能插直？要盯住那邊那棵大樹那樣明確不動的目標才行。」

水牛邊吃草邊走，人們則是邊走邊改變目標。所謂「無雄心者常立志」，三百六十行，哪一行的狀元也不是那麼好當的。怎樣才能少走彎路呢？秘訣就是確立明確的目標，然後心無旁騖地去追求。

有很多人經常會設定自己的目標：我以後要做科學家，過幾天又要做醫學家，再過幾天又開始想做藝術家……這樣的人在我們身邊隨時都有可能遇見，也許你自己正是這樣的人。目標多了也就沒有了目標，要想完成一個夢想，就必須確立一個明確的目標，只有這樣，才能堅定不移地去付諸努力來完成它。

慧遠禪師年輕時喜歡雲遊四海。有一次，他遇到一位嗜好吸煙的行人。兩人一起走了很長一段山路，然後坐在河邊休息，行人給了慧遠禪師一袋煙，慧遠高興地接受了行人的饋贈。兩人一邊抽煙，一邊聊天，談得十分投機，分手前，行人又送給慧遠一根煙管和一些煙草。

待行人走遠，慧遠突然想到：煙草這種東西令人十分舒服，肯定會干擾我的禪定，時間長了一定難以改掉，還是趁早戒掉為好。於是，他隨手一揮，把煙管和煙草全部扔掉了。

幾年後，慧遠迷上了《易經》。那年冬天，天寒地凍，他寫信給自己的老師要求給他寄一件棉衣，但是信寄出去很久，冬天已經過去，山上的雪都開始化了，棉衣還是沒有寄來，送信的人也沒有任何音信。於是，慧遠現學現賣，用《易經》為自己卜了一卦，結果顯示那封信並沒有送到老師那裡。他心想：易經占卜固然準確，但如果我沉迷此道，怎麼能夠全心全意地參禪呢？從此，他再也沒有接觸易經之術。

之後，慧遠又一度迷上了書法。他每天鑽研，居然小有成就，有幾個書法家也對他的書法讚不絕口。但慧遠轉念想到：我又偏離了自己的正道了。再這樣下去，我可能成為一個書法家，但永遠也成不了禪師。於是，他再次收束心性，一心參禪，遠離一切和禪無關的東西，終成一代宗師。

每個人都應該有一種愛好，無論是禪者的修行，還是普通人的生活。培養一定的興趣愛好，陶冶情操，不是什麼壞事，但「業精於勤，荒於嬉」，千萬不要玩物喪志，沉迷其中。

慧遠爲我們做好了榜樣：明白自己的目標固然可貴，但更可貴的是爲了成就目標而堅持不懈的精神。一旦發現自己的所作所爲偏離了目標，就應該做到知非即捨。

目標明確是一件事情成敗的基本要素，如果目標不明確，只會白白浪費自己的時間和精力，雖然很努力，但結果卻很可能與最初的目標背道而馳。就像蓋房子的時候建築工人總會用繩子拴一個線墜當做測量的目標一樣，朝著一個方向走，總能很快地達成目標。

現實中有很多人總是沒有明確的目標，今天想著明天要做這件事情，等到了明天，又改變了昨天的想法，這樣的人，怎麼可能堅持不懈地去完成自己的夢想呢？

6 能堅持就不要放棄

行住坐臥，不離功夫。念念無妄，名真精進。制心一處，無事不辦。

——延參法師

堅持需要一種特殊的心理，不能怕時間久，不能怕見效慢，要一步步地來，不能急於求成。堅持不懈的人有一顆堅強的心，無論面對什麼樣的艱難險阻，他都能克服，爲了自己心中的那個夢想，執著著自己的堅持。堅持下來的，肯定會有收穫；堅持不下來的，將會面對更多的挑戰和困難！

隱峰和尚是馬祖道一的得意弟子，關於他的傳說有很多。

有一次隱峰趕路時，正好遇到兩支軍隊在廝殺，旁人肯定要繞路而行，但隱峰卻將錫杖向天上一扔，跟著人就飛了起來。雙方幾十萬人馬激戰正酣，看見有和尚在空中飛行，當即全部罷手，看隱峰和尚表演特技。

當年，馬祖為了測試隱峰修行的深淺，決定找個機會試試他。

這天，馬祖遠遠地看到隱峰推著一輛獨輪車，要從一條狹窄的小路上經過，就故意跑過去躺在路中間假裝睡大覺，伸腿擋住去路。

「師父，你老人家快起來，要不然車子壓到你的腳了。」隱峰喊道。

馬祖愛答不理地答道：「已經伸出去的腳不能收回來。」

隱峰一聽，立即接口道：「已經前進的車不能再後退。」

於是，隱峰推車從老禪師的腳上碾了過去。

馬祖大叫一聲，腳上已是鮮血淋漓。他一瘸一拐地找來一把斧頭，來到法堂，敲鐘召集所有僧眾，大喝道：「哪個小子剛才碾傷了老僧的雙腳？給我出來！」

僧人們個個都嚇傻了，看來今天要血濺法堂了。

但隱峰卻毫無懼色，他大踏步走上前去，把頭放在馬祖掄起的斧頭下面。馬祖見了哈哈大笑，把斧頭扔在地上，高興地說：「孺子可教！」

馬祖是不是被車子壓得惱羞成怒了？是不是被氣糊塗了？都不是。馬祖橫插一腿擋住隱峰的去路，實際上是在問隱峰如何克服學禪路上的各種障礙。隱峰推車碾過，擺明了是在說自己絕不後退，遇佛殺佛，遇祖殺祖。馬祖又手執利斧進一步考驗他，隱峰又以「我不入地獄誰入地獄」的大無畏精神坦然面對。

堅持，是人世間最容易做的事，常常也是最難做的事；最難做的事情，往往也是最容易做的事。說它容易，是因爲只要願意做，人人都能做到；說它難，是因爲真正能做到並持之以恆的，終究只是極少數人。

弟子們總是跟在老禪師後面問：「老師，如何才能成功呢？」

「成功？嗯，我這裡有一個最簡單的法門，每人儘量把胳膊往前甩，然後再儘量往後甩。」禪師示範了一遍，接著說，「從今天開始，每天做三百次。大家能做到嗎？」

弟子們疑惑地問：「為什麼要做這樣的事？」

老禪師說：「你們連著做一年，就知道如何能成功了！」

弟子們想：這麼簡單的事，有什麼做不到的？

一個月之後，老禪師問弟子們：「我讓你們做的事，有誰堅持做了？」

大部分人都驕傲地說：「我做了！」

禪師滿意地點點頭，說：「好！」

又過了一個月，老禪師問：「現在有多少人堅持了？」

結果只有一半的人說：「我做了！」

一年過後，老禪師再次問大家：「請告訴我，最簡單的甩手運動，還有幾個人在堅持？」

這時，只有一個人驕傲地說：「老師，我做了！」

老禪師把弟子們都叫到跟前，說：「我曾經說過，做完這件事，你們就知道如何能成功了。現在我就讓你們看看。」

說完，老禪師就把衣缽傳給了那個一直堅持做甩手運動的弟子。

人一旦擁有了日月跋涉的恒心和毅力，就能將任何難事做好。反之，「三天打魚，兩天曬網」，簡單的事也得荒廢掉。小時候，我們常常從書本或老師那裡學到「持之以恆」這個成語，當然，這個成語的意思每個人都可以很快參悟到，但是把這個成語運用到生活中的人是少之又少……想減肥的人如果堅持，瘦身不再是困難；想學音樂的人如果堅持，唱歌不再是困難；想做廚師的人如果堅持，美食不再是困難；想做名士的人如果堅持，鮮花不再是困難。

所以，要想讓自己的夢想實現，堅持是最簡單的法則，它不需要技巧，不需要經驗，只要你有一顆持之以恆的心，只要你能堅持，成功不再是夢想！

第六章

行經幽谷，不要被情緒低潮愚弄

在情緒低潮的時候，我們失去平衡，每件事似乎都很急迫。我們完全忘了，心情好的時候，凡事似乎都好多了。

1 所謂低潮，只不過是一時的錯覺

察覺自己的情緒，不要被情緒的低潮愚弄。事實上，在你心情不好的時候，生活從來沒有你所以為的那麼糟糕。凡事都會過去，牢記這項領悟，就可以保持心情的平衡，即使面對逆境也可以沉著鎮定。

——奧義法師

情緒是很會騙人的。他們可以騙你，而且常常會教你相信你的生活比實際上的還糟。當你心情不錯時，生活看起來好極了。你有自己的見解、常識和智慧。心情好的時候，凡事都不難，問題都不十分可怕，也容易解決。心情好的時候，人際關係融洽，溝通也很順暢，即使遭受批評，也能欣然接受。

相反的，當你心情不佳時，生活看起來就很糟糕，困難到難以忍受的地步。你就難以保持平衡，你會認為所有的事情都是衝著你來的，你會誤解周圍的人，把邪惡的

動機歸罪到他們的頭上。

早晨，你和你的家人正在吃早飯。

突然，你的女兒碰翻了桌上的咖啡壺，你的衣服被弄髒了。衣服是你上班時要穿的，而早上的時間又是很緊張的。你勃然大怒，指責女兒做事不小心。女兒被嚇得哇哇大哭。指責完女兒，你又轉而責怪妻子將咖啡壺放得離桌沿太近。於是，夫妻之間的口角發生了。你氣沖沖地上樓去換衣服。下了樓，你發現女兒只顧著哭，早飯還沒有吃完，又耽誤了學校的班車，而妻子也到了上班的時間。

你只好駕車送女兒上學。因為你上班的時間快到了，所以你將車子開得飛快。你因為超速駕車，被員警攔住，一來二去花了一刻鐘時間，最後你交了罰金後才得以離開。女兒到了學校後，因為匆忙，沒有向你說再見。你到了辦公室，已經遲到了二十分鐘，而且你發現公事包落在家裡了。

這一天一開頭就不順，而且事情似乎變得越來越糟糕。你盼著工作早點結束，可是當你真的回到家，你又發現你和妻子、女兒之間有了一點隔閡。

那麼，這糟糕的一天是怎麼引起的呢？

A．咖啡壺引起的

B．女兒引起的

C．員警引起的

D．你自己引起的

答案是D。

咖啡弄髒你的衣服時，你沒有控制好自己，你做出反應的這五秒鐘導致了你一整天的不順利。

下面是你的另一種反應——

你的衣服被咖啡弄髒了，女兒正要哭，你柔聲地說：「哦，寶貝，不要哭，你只要下次小心一點就可以了。」你上樓換衣服，同時拿起公事包，你下樓後從家裡的窗戶看到女兒蹦蹦跳跳地上了學校的班車。你到辦公室時，離上班時間還差五分鐘。你愉快地和老闆及同事們打招呼。

你一天都是好心情。

這是一篇題爲「你掌控百分之九十的人生」的文章，廣爲流傳——同樣的事件，不同的結果。

爲什麼呢？因爲人生很多事情，事實只占百分之十，而每個人對事實的反應占了百分之九十。這百分之十的事實我們往往無法控制，比如汽車拋錨、飛機晚點、天降大雨等。但是，我們對於這些事實的反應是能控制的，而這才是幸福的決定性因素。

你是你的將軍，你是你的統帥，你是你的統治者，儘管你的出生地、升降沉浮等外在因素不能完全被你掌控，但是你完全可以掌控你自己，你可以選擇自己開心快樂，可以選擇自己凡事往好處想，可以選擇知足常樂等。

這是個陷阱：人們並不瞭解是他們的情緒在作怪，他們以為生活是突然在昨天或者過去這一小時才變糟的。所以一個人早上心情好的時候，可能會愛他的妻子、他的工作、他的車子……他對前途可能感到樂觀，對過去也心存感激。

可是，到了下午，如果心情不佳，他就會說他痛恨自己的工作，討厭自己的太太，覺得他的車子是垃圾，而且相信他的事業沒有前途。如果你在他情緒低潮的時候問起他的童年，他可能會告訴你，那是一個悲慘童年。他可能會把目前的困境怪罪在父母的頭上。

這樣迅速而劇烈的落差看來雖然荒謬可笑，可是我們全都是這樣的。

在情緒低潮的時候，我們失去平衡，每件事似乎都很急迫。我們完全忘了，心情好的時候，凡事似乎都好多了。我們都經歷過一模一樣的環境，不論我們跟什麼人結婚，在哪裡工作，開什麼車，潛力如何，童年過得好不好，這一切全都取決於我們心情的好壞！情緒低潮的時候，我們不但不怪自己的心情不好，還容易覺得整個生活都不對勁，就好像我們真的相信我們的生活在過去一兩小時中瓦解了。

事實上，在你心情不好的時候，生活從來沒有你所以爲的那麼糟糕。你不要困在憤怒之中，以爲自己看得很實際，你可以學習去質疑自己的判斷，不妨提醒自己：「我當然會有戒心（**或感到生氣、挫折、緊張、沮喪**）；每次情緒低落時，我的感受都不好。」

當你的情緒糟透時，學會一笑置之：這是人類不可避免的情況，會隨著時間過去的，不必理它。

如果你有一個需要處理的問題，先改善心情，它還會在那裡的。

竅門是：感激我們的好心情，在心情不好的時候，則要保持優雅的風度，不要把問題看得太嚴重。下一次你情緒不佳時，不論原因是什麼，都提醒自己：「會過去的。」它真的就會過去。

2 給情緒安三道防火牆

其實，波折就如暗礁，雖使水流受阻，但也激起美麗的水花。在生活中面臨困境時，提醒自己：「我能責備誰呢？不曾有人雇請我出生，我是自願來的。」

——惠能法師

保持冷靜，恐怕是你我在情緒管理方面最重要的功課之一。

一天，陸軍部長斯坦頓來到林肯那裡，氣呼呼地對他說一位少將用侮辱性的言語指責他偏袒一些人。林肯建議斯坦頓寫一封內容尖刻的信回敬那傢伙。

「可以狠狠地罵他一頓。」林肯說。

斯坦頓立刻寫了一封措辭強烈的信，然後拿給總統看。

「對了，對了。」林肯高聲叫好，「要的就是這個！好好訓他一頓，真寫絕了，斯坦頓。」

但是當斯坦頓把信疊好裝進信封裡時，林肯卻叫住他，問道：「你幹什麼？」

「寄出去呀。」斯坦頓有些摸不著頭腦了。

「不要胡鬧。」林肯大聲說，「這封信不能發，快把它扔到爐子裡去。凡是生氣時寫的信，我都是這麼處理的。這封信寫得好，寫的時候你已經解了氣，現在感覺好多了吧，那麼就請你把它燒掉，再寫第二封信吧。」

林肯總統的作法，是給自己安上個「防火牆」。心理學家認爲在情緒激動時，至少有三個重要的關鍵點可以努力，只要掌握得當，你我就能力挽狂瀾的冷靜下來。心理學家把它稱爲「冷靜的三道防火牆」，一起來看看該怎麼做吧！

冷靜防火牆一——「想法滅火」：

你會心生不滿，是因爲你我對身處的狀況做出了不利於自己的評價。例如：「他遲到那麼久，根本就不在乎我！」要不：「他是故意傷害我的感情！」這麼一想，當然怒不可遏，心情立刻忿忿不平。

在這個「動念發火」的時候，只要能多一分自我覺察的功力，在心中跟自己做個辯論：「且慢，這個解釋真是唯一正確的答案嗎？」於是你心中產生其他的想法來做解釋：「也許他是不得已才遲到的！恐怕是我錯怪了他！」就能成功的發揮第一道防火牆的滅火功能，而不至於失去理智。

要建築堅固有力的「防火牆」，你我必須擁有良好的自覺能力，以及具備同理心和善意解讀世界的能力。

冷靜防火牆二——「衝動滅火」：

萬一第一道防火牆被突破，你沒來得及攔截住心中負面的情緒，這時就會產生一些衝動的念頭：「我就要給你點顏色瞧瞧！」或者：「我豁出去了，不讓你難受，我誓不甘休！」多年演講和聽眾互動的經驗告訴我，即使再溫柔和善的情商高手，也曾有過不理性的衝動念頭：「我真想打人！」

這個蠢蠢欲動的當下，如果滅火得宜，就能避免悲劇的產生。怎麼做呢？建議你跟自己的心喊話：「再等一下就好」，然後開始進行「數數法」，在心裡如此默數：「一、四、七、十、十三……」以活絡大腦的理性中樞，而其他的理性想法也就能跟著出現：「等等，這麼做並不能真正解決問題」，因此能懸崖勒馬，不致衝動行事。

冷靜防火牆三——「行動滅火」：

萬一前兩道防火牆都失效了，於是你發覺自己開始惡言惡語，要開始動手動腳起來，這時雖然已經開始非理性的行動，但只要不放棄，你仍然是可以冷靜的。例如，一旦意識到自己言行失態，就要考慮到自己的格調（這實在不像我），以及對方所受的身心創傷就能立即停止動作，避免造成更進一步的傷害，這樣就能爲行動滅火，從而逐漸冷靜下來。

抓狂，是需要衝破三道防火牆的，只要你做好情緒的消防檢查，瞭解自己哪一道防火牆仍有待加強，多加練習之後，就能爲衝動滅火，隨心所欲而冷靜自在，不再賠上幸福感受。

另外，還有一些方法，可以平衡一下心情的酸鹼值。

‧藏心事要顧及體內容量

有人總是將委屈往肚裡吞，卻毫不清除體內早就過時或是已經不在乎的舊煩惱。有時候新愁一上心頭，連舊恨也跟著牽腸掛肚，越是收藏心事，就越是不快樂。

何不學習一下電腦系統清除垃圾檔案的功能呢？氣頭上的煩惱稍稍炒作即可，褪了色之後，就讓它們煙消雲散吧！找一口心靈的資源回收桶，訓練一下善於遺忘的本領，人生沒必要讓苦悶永遠保鮮，只要記得傷心當下的淒美就可，至於心事，保存期限過後，就扔了吧！

‧號召一群分割壞情緒的分母

不爽的時候，就大聲說出來！那種感覺，很像奔跑在通往蔚藍海岸的路上，沿路甩開討厭的人、事、物，嘶吼著一種快意的狂笑，瞬間就可以讓你在情緒的磁場上取得漂亮的反擊。

假設壞情緒是一份發臭的乳酪，自己獨自吞食，就只會惹得你噁心，如果找到一群分母，將發臭的乳酪切割成幾小塊讓他們帶走，而分母再找各自的分母去切割，發臭的乳酪在指尖就會讓微風給吹走了，沒機會進到肚子裡惹得腸胃不適。

‧給壞情緒找一個出口

給壞情緒找一個出口，一個不妨礙別人的出口，讓它趕快溜走，而且走得越遠越好。否則愈積愈多，我們就會慢慢被它壓垮，而它一旦佔領我們全身，我們就會在不堪重負之下匆忙給它一個出口，一個方向對準我們親人朋友的出口，抱怨、牢騷、發脾氣、惡語傷人、沒事找事、瞎鬧騰，結果是傷了別人也毀了自己，最終一點壞情緒污染了一批人的天空。

3 讓不悅之情就此打住

你可以繼續自歎命苦，也可以採取新的行動，做點有益的事。
如果你不肯割捨雜亂，你就得不到清幽和專注。

——奧義法師

如果僅僅感到不悅，一般不是什麼問題，但前提是這種感覺能夠就此打住，不往下發展。

在你的思緒有機會形成任何動力之前，就先注意到你的腦子裡發生了什麼事。你越早發現內心正在滾雪球，就越容易阻止它。

有一個年輕的農夫，划著小船，給另一個村子的村民運送自家的農產品。那天的天氣酷熱難耐，農夫汗流浹背，苦不堪言。他心急火燎地划著小船，希望趕緊完成運送任務，以便在天黑之前能返回家中。

突然，農夫發現前面有一隻小船沿河而下，迎面向自己快速駛來。眼看兩隻船就要撞上了，但那艘船並沒有絲毫避讓的意思，似乎是有意要撞翻農夫的小船。

「讓開，快點讓開！你這個白癡！」農夫大聲地向對面的船吼道，「再不讓開你就要撞上我了！」

但農夫的吼叫完全沒用，儘管農夫手忙腳亂地企圖讓開水道，但為時已晚，那艘船還是重重地撞上了他的船。

農夫被激怒了，他厲聲斥責道：「你會不會駕船，這麼寬的河面，你竟然撞到了我的船上！」

當農夫怒目審視那艘小船時，他吃驚地發現，小船上空無一人，聽他大呼小叫、厲聲斥罵的只是一艘掙脫了繩索、順河漂流的空船。

在多數情況下，當你責難、怒吼的時候，你的聽眾或許只是一股空氣。那個一再惹怒你的人，決不會因為你的斥責而改變他的航向。

怎樣才能讓不悅之情就此打住不往下發展呢？下次有人惹你不高興時，你可以嘗試像下面這樣去做：

不要把事情想得過分嚴重，用正確的眼光對待它　如果在開車時有一輛車突然插到了你的前面，要記住這只是讓你感到不快的小事，而不是世界末日。

不要把問題個人化　那個開車時插到你前面的司機並不認識你——他很可能並沒有意識到自己的行爲給你帶來的不快。也許某件事讓他不順心，因此想發洩出來，但這絕對不是針對你本人。

不要指責別人　一旦開始指責另外一個人，就很容易使你的不快感升級。所以，讓事情就這麼過去吧，別再去追究。

不要老想著報復　把某事歸罪於某人後，下一步行動往往就是報復。與其這樣，不如把精力用在比報復更有用的事情上面。

不斷探尋讓自己面對某種情況而不生氣的方法　開車的時候其他司機讓你不悅，但你該怎樣做才能不讓這種不悅升級爲憤怒呢？也許你可以播放自己喜歡的音樂，或者收聽自己喜歡的電臺節目，特別是一些輕鬆愉快的節目，也許一些其他的方法對你更有效。總之，你要不斷地總結和摸索。

不要把自己看成一個無助的受害者　採取一些措施使自己適應令你不快的情況，或者想辦法改變這種情況。不管你做什麼，只要你在做，就比只在那裡生氣要好。

不要讓負面情緒放大你的憤怒　憤怒會加劇你的鬱悶，告訴自己：我不會因這種令人不快的情況使我的壞心情雪上加霜。問自己：如果我心情不這樣糟糕，遇到這種情況我會怎樣做?然後就那樣去做。

不要煩惱明天的事　而應該告訴自己：「瞧，我的老毛病又犯了。」然後就即時打住，防患於未然，在你的負面情緒未爆發之前就阻止它。

如果這件事發生在三更半夜，就把它寫在一張紙上，然後再去睡覺。你可以考慮在床頭放一支筆和一張紙，以備不時之需。

不妨運用正面聯想的方式來控制自己的情緒　每當情緒激昂到快到達巔峰時，都會同時注意四周所有相關的事物，這種過程稱之爲「聯想」。例如，每當你聽見某首特定的歌，便會想起過去與自己相關的友人，這是因爲情緒到達巔峰時，這首歌正好也同時在背景裡出現。

你的心理和身體是相互聯繫的，因此每當聽到這首歌時，便會立刻憶起當時心中的情感。

4 學會自己娛樂自己

歡喜但向己求，莫從他覓，覓即不得，得亦不真。

——慧思禪師

雖然我們不能改變周遭的世界，但是我們可以用慈悲心和智慧心來面對這一切。用積極地心態處世，所謂「兵來將擋，水來土掩」，不被世事沉浮影響了心境，做到「無喜無憂」，也就是有好事不過度狂喜，有壞事不過度惆悵。

歡喜要從哪裡來？慧思禪師說：「但向己求，莫從他覓，覓即不得，得亦不真。」意思是說歡喜要靠我們自己去創造，不能指望別人給予。

《易傳》裡說：「樂天知命故無憂。」人的一生充滿著煩惱、憂愁，那麼就需要「無憂」來消解這些煩惱憂愁。生活縱然是風波不斷，有的時候憂愁、苦悶全都找上門來，當我們面對這些無可奈何的時候，不要沮喪放棄，我們可以自己尋找生活中的驚喜，尋找生活中的一抹亮色，讓灰色的人生增光添彩。

有個小和尚很小的時候就上山陪在師父身邊了，兩個人在山上的廟裡度過了好幾年的時光。漸漸地，小和尚開始覺得有些寂寞，山上的景色他已經看了個遍，想去山下看看大千世界，但是小和尚又不敢跟師父說，於是就整天愁眉苦臉的，師父不在的時候就唉聲歎氣，做什麼都提不起興趣。

小和尚以為師父不知道自己的心事，但師父一眼就看出小和尚是動了「凡心」，導致不能安心學佛。

於是在一天清晨，師父叫來了小和尚，對他說：「為師想要吃些新鮮的果子，你去後山幫為師摘一些回來。」

小和尚點點頭，雖然不明白師父為什麼突然之間想要吃果子。小和尚穿林過河，來到了後山，找了幾種不同的果子，帶回來給師父。

可師父看到果子的時候卻搖搖頭，說：「這些果子我不愛吃，重新摘吧。」

小和尚很納悶，師父怎麼挑起食來，他教導過自己不能挑食的啊。

小和尚再次到了後山，精心挑選了幾種甜美多汁的果子，沒想到師父又搖搖頭，說：「這些果子還酸，為師不吃。」

第三次踏上後山的小和尚，失去了所有的耐心，躺在一處青草裡，看著天空和遠處的樹林，想不通師父今天為什麼如此奇怪。漸漸地，周圍的風景把他迷住了，他越看越入迷，一直看到了天黑。

回來後，師父滿意地點點頭，說：「你終於懂得了欣賞，寺裡生活枯燥，正需要一些欣賞的眼光才能夠堅持下去啊。」

歡喜與否取決於我們的心境，世界上沒有絕對不好的東西，也沒有什麼絕對的歡喜。心裡裝滿了歡喜，即使粗茶淡飯，也會覺得是人間難得的美味；內心裝滿了歡喜，就是路上堵車，也會以欣賞的眼光觀看路旁的風景。這就是歡喜的好處，讓我們時刻保持愉悅，而不是敲著方向盤大罵堵車耽誤時間。

生活不易，我們要學會自己娛樂自己。這種生活態度能夠讓我們更好地保持一種平和愉悅的心情，用心態遮罩煩惱是最簡單直接的方式，隨時隨地保持歡喜之心，對別人的一切都以歡喜之心來包容。哪怕生活再艱苦，再讓人難熬，我們也要有一顆更好的心態去面對，在生活的大風浪裡，不讓我們落於下風。

5 微笑是人生最好的名片

只有心裡有陽光的人，才能感受到現實的陽光，如果連自己都常苦著臉，那生活如何美好？生活始終是一面鏡子，照到的是我們的影像。

——延參法師

生活並沒有拖欠我們任何東西，所以沒有必要總苦著臉。應對生活充滿感激，至少，它給了我們生命，給了我們生存的空間。

微笑是對生活的一種態度，跟貧富、地位、處境沒有必然的聯繫。一個富翁可能整天憂心忡忡，而一個窮人可能整天心情舒暢；一位處境順利的人可能會愁眉不展，而一位身處逆境的人可能會面帶微笑……

一個人的情緒受環境的影響，這是很正常的，但你苦著臉，一副苦大仇深的樣子，對處境並不會有任何的改變，相反，如果微笑著去面對生活，那會增加你的親和力，別人更樂於跟你交往，得到的機會也會更多。

微笑發自內心，不卑不亢，既不是對弱者的愚弄，也不是對強者的奉承。奉承時的笑容，是一種假笑，而面具是不會長久的，一旦有機會，他們便會除下面具，露出本來的面目。

威廉・史坦哈已經結婚十八年多了，在這段時間裡，從早上起來，到他要上班的時候，他很少對自己的太太微笑，或對她說上幾句話。史坦哈覺得自己是最悶悶不樂的人。

後來，在史坦哈參加的繼續教育培訓班中，他被要求準備以微笑的經驗發表一段談話，他就決定親自嘗試一個星期看看。

現在，每當史坦哈去上班的時候，就會對大樓的電梯管理員微笑著說一聲「早安」；他以微笑的方式跟大樓門口的警衛打招呼；他對地鐵的檢票小姐微笑；當他站在交易所時，他對那些以前從沒見過自己微笑的人微笑。

史坦哈很快就發現，每一個人也對他報以微笑。他以一種愉悅的態度，來對待那些滿肚子牢騷的人。他一面聽著他們的牢騷，一面微笑著，於是問題就容易解決了。史坦哈發現微笑給自己帶來了更多的收入。

史坦哈跟另一位經紀人合用一間辦公室，對方是個很討人喜歡的年輕人。史坦哈告訴那位年輕人自己最近在微笑方面的體會和收穫，並聲稱自己很為所得到的結果而高興。

那位年輕人很坦誠地說：「當我最初跟您共用辦公室的時候，我認為您是一個非常悶悶不樂的人。直到最近，我才改變了看法：當您微笑的時候，充滿了慈祥。」

你的笑容就是你好意的信使，你的笑容能照亮所有看到它的人。對那些整天都看到皺眉頭、愁容滿面、視若無睹的人來說，你的笑容就像穿過烏雲的太陽，尤其對那些受到上司、客戶、老師、父母或子女的壓力的人，一個笑容能說明他們認識到一切都是有希望的。

世界上的每一個人，都追求幸福，有一個可靠的得到幸福的方法，就是以控制你的思想來得到。幸福並不是依靠外在的情況，而是依靠內在的情況。記住：微笑能改變你的生活。

微笑沒有目的，無論是對上司，還是對門衛，微笑都是一樣的，是對他人的尊重，同時也是對生活的尊重。微笑是有「回報」的，人際關係就像物理學上所說的力的平衡，你怎樣對別人，別人就會怎樣對你，你對別人的微笑越多，別人對你的微笑也會越多。

在受到別人的曲解後，可以選擇暴怒，也可以選擇微笑，通常微笑的力量會更大，因爲微笑會震撼對方的心靈，顯露出來的豁達氣度讓對方覺得自己渺小、醜陋。清者自清，濁者自濁。有時候過多的解釋、爭執是沒有必要的。對於那些無理取鬧、蓄意詆毀的人，給他一個微笑，剩下的事就讓時間去證明好了。

微笑發自內心，無法僞裝。保持「微笑」的心態，人生會更加美好。人生中有挫折、有失敗、有誤解，那是很正常的，要想生活中一片坦途，那麼首先就應清除心中的障礙。微笑的實質便是愛，懂得愛的人，一定不會是平庸的。

微笑是人生最好的名片，誰不希望跟一個樂觀向上的人交朋友呢？微笑能給自己一種信心，也能給別人一種信心，從而更好地激發潛能。

微笑是朋友間最好的語言，一個自然流露的微笑，勝過千言萬語，無論是初次謀面也好，相識已久也好，微笑能拉近人與人之間的距離，使彼此之間倍感溫暖。

第七章

超脫名利，功名利祿皆為過眼雲煙

名聲是把雙刃劍，用它裝點自己時，同時也是在給自己埋下隱患。

有人說過，這個世界上最偉大的人不是那種譽滿天下的人，而是那種榮譽毀譽都滿天下的人。

1 虛名終自誤

當一顆驕傲的心碰上一張諂媚的嘴時，是一個非常險惡的危機。

——弘一法師

平凡的人會羨慕那些擁有盛名的人，同時也希望自己能有那種非凡的影響力，但是被盛名所包圍的人卻真正明白，這種壓力是無法言語的。

擁有盛名的人周圍往往熱鬧非凡，在這種情況下，他們很難安靜下來思考自己的事情。他們只有不停地應付別人，而且不能怠慢，把自己弄得很是疲憊，根本就沒有認真思考的時間。很多文學家在出名以後就很少有傑出的作品產生，雖然有他們的思維定型的原因，但他們沒有時間去改變思維也是一個重要原因。

春秋時期，齊國有公孫無忌、田開疆、古治子三名勇士，皆萬人難敵，立下許多功勞。

但這三名勇士自恃功勞過人，非常傲慢狂妄，別說一般大臣，就連國君也敢頂撞。

當時晏嬰在齊國為相，對這三位勇士的舉止言行很是擔心。雖然他們勇武過人，但沒什麼頭腦，對國君也不夠忠誠，萬一受人利用教唆，必成大患。晏嬰便與齊景公商議，要設計除掉這三人。一日魯昭公來訪，齊景公設宴招待，晏嬰獻上一盤新摘的鮮美的大桃子。

宴畢，還剩下兩隻桃子，齊景公決定將兩隻桃子賞給臣子，誰功勞大就給誰。當然，這就是晏嬰的計謀。若論功勞，自然是三名勇士最大，但桃子只有兩個，怎麼辦？三人各擺功勞，互不相讓，都要爭搶這份榮譽，其中兩人先動起手來，一人失手殺死另一人後，自覺對不住朋友，遂自殺而亡。

剩下的一位勇士心想當初三人為了爭這兩隻桃子，結果死去兩個，也不願獨存，當場自殺。這樣，齊景公就除掉了心頭大患。這就是歷史上有名的「二桃殺三士」的故事。

這個故事，也是一個貪虛名而得實禍的典型例證，如果他們相互謙讓，不貪圖身外的虛名，那麼他們就不會丟掉性命，也不會成爲千古笑柄。

盛名是不應該背負的，擁有盛名的人往往過得並不如意，原因就在於盛名給他們帶來了很多負擔。人的處境往往是由自己的心態決定的。人生就像爬山，爬了上去，也還是要下來的，爬得太高，在自己的心態不平和的情況下，一旦跌落下來，就會摔得很重。如果一個人背上了盛名，就應該學會低調。

有一位女性朋友去居里夫人家裡拜訪她，發現她的小女兒正拿著英國皇家科學院頒給居里夫人的金質獎章在玩。

朋友大吃一驚，問道：「你怎麼能把這麼寶貴的東西給孩子玩兒呢？」

居里夫人回答：「我想讓孩子從小就懂得，榮譽就像玩具，只能玩玩而已，絕不能永遠守著它，否則將一事無成。」

居里夫人以高尚的情操和獻身科學的精神教育孩子，她的女兒瑞娜後來也成為了一名科學家，並像母親那樣獲得了諾貝爾獎。

「一個人不應該與被財富毀了的人交結來往。」這是居里夫人的名言，而她也正是這樣做的，不讓自己被名譽和財富毀掉。

當初那價值超過一億法郎的零點一克純鐳，對於生活極其簡陋的居里夫人並沒有造成任何影響，她坦然地將零點一克鐳無償地贈給了實驗室，這份視名利如浮雲的豁達實在令人讚歎。

正是因爲居里夫人懂得名利就像玩具一樣，偶爾拿來玩玩還可以調劑生活，但若是抱住不撒手，生活反而會被它給毀了，所以她才能頭腦清楚地將名利放在一邊，在科學研究中享受莫大的人生樂趣。

名聲是把雙刃劍，你用它裝點自己的時候，同時也是在給自己埋下隱患。有人說過，這個世界上最偉大的人不是那種譽滿天下的人，而是那種榮譽毀譽都滿天下的人。所有人都說擁有個好名聲，不見得你很偉大，而有的人對你崇敬有加，有的人對你恨之入骨，或許你才是個偉大的人。

人如果有一種泰然處世的心態，就會對盛名避而遠之。生活中，很多人都熱衷於虛名，以爲追求的是花冠，卻不知是桎梏。

王安石的《寄吳沖卿》詩中有一句「虛名終自誤」，令人警醒。人追求榮譽，這無可厚非，但應該分清是什麼樣的榮譽：是名實相符，還是盛名之下其實難副的名譽。後者不僅徒累自身，還可能招致災禍。

2 想要的越多，幸福感就越少

人，饑而欲食，渴而欲飲，寒而欲衣，勞而欲息。

——慧海禪師

一個人如果欲望太多，他就會變得越貪婪，一個永不知足的人是無法感受到幸福的。

人，饑而欲食，渴而欲飲，寒而欲衣，勞而欲息。幸福與人的基本生存需要是不可分離的。人們在現實中感受或意識到的幸福，通常表現爲自身需要的滿足狀態。人的生存和發展的需要得到了滿足，便會產生內在的幸福感。幸福感是一種心滿意足的狀態，植根於人的需求物件的土壤裡。

然而，很多人都是希望自己擁有得再多一些，從來沒有滿足的時候。

民間流傳著一首《十不足詩》：

終日奔忙為了饑，才得飽食又思衣，
冬穿綾羅夏穿紗，堂前缺少美貌妻，
娶下三妻並四妾，又怕無官受人欺，
四品三品嫌官小，又想面南做皇帝，
一朝登了金鑾殿，卻慕神仙下象棋，
洞賓與他把棋下，又問哪有上天梯，
若非此人大限到，上到九天還嫌低。

這首詩對那些貪心不足者的惡性發展寫得淋漓盡致。物欲太盛造成的靈魂變態就是永不知足，沒有家產想家產，有了家產想當官，當了小官想大官，當了大官想成仙……精神上永無寧靜，永無快樂。

在陝西南部山區有一位貧窮的農民，住的是漆黑的窯洞，吃的是玉米、土豆，家裡最值錢的東西就是一個櫃子。可他整天無憂無慮，早上唱著山歌去幹活，太陽落山又唱著山歌回家。別人不明白，他整天樂什麼呢？

他說：「我渴了有水喝，餓了有飯吃，夏天住在窯洞裡不用吹電扇，冬天熱乎乎的炕頭勝過暖氣，日子過得美極了！」

這農民物質上並不富裕，但他卻由衷地感到幸福。他沒有太多的欲望，從不為自己欠缺的東西而苦惱。與這個農民相反的是一個賣服裝的商人。

這個商人有很多錢，但他卻終日愁眉不展，睡不好覺。細心的妻子把丈夫的鬱悶看在眼裡，急在心上，她不忍丈夫這樣被煩惱折磨，就建議他去找心理醫生看看，於是他前往醫院去看心理醫生。

醫生見他雙眼佈滿血絲，便問他：「怎麼了，是不是受失眠所苦？」

服裝商人說：「是呀，真叫人痛苦不堪。」

心理醫生開導他說：「別急，這不是什麼大毛病！你回去後如果睡不著就數數綿羊吧！」服裝商人道謝後離去了。

一個星期之後，他又出現在心理醫生的診室裡。他雙眼又紅又腫，精神更加頹喪了，心理醫生復診時非常吃驚地說：「你是照我的話去做的嗎？」

服裝商人委屈地回答說：「當然是啊！還數到三萬多頭呢！」

心理醫生又問：「數了這麼多，難道還沒有一點睡意？」

服裝商人答：「本來是睏極了，但一想到三萬多頭綿羊有多少毛呀，不剪豈不可惜？」

心理醫生於是說：「那剪完不就可以睡了？」

服裝商人歎了口氣說：「但頭疼的問題又來了，這三萬頭羊的羊毛所製成的毛衣，現在要去哪兒找買主呀？一想到這，我就睡不著了！」

這個服裝商人就是生活中高壓人群的真實寫照，他們被種種欲望驅趕著跑來跑去，疲乏至極，每天睜開眼睛想到的是金錢，閉上眼睛又謀劃著權力，日復一日，年復一年。這樣的人怎麼會享受到幸福呢？

一個人的欲望越多，他所受到的限制就越大，一個人的欲望越少，他就會越自由、越幸福。晉代陸機在《猛虎行》中寫道：「渴不飲盜泉水，熱不息惡木蔭則。」講的是在誘惑面前的一種放棄、一種清醒。

在中國的人文精神裡，是輕「物質」而重「精神」的，即古人所說的「人禽之辯」。但到了廿一世紀，世界似乎發生了顛倒性的變化，到處充斥著一種共同的東西，那就是欲望：權利的欲望、金錢的欲望、性的欲望、破壞的欲望、毀滅的欲望……欲望鋪天蓋地，欲望爲王，主宰和控制著我們，支配著我們，令我們身不由己，同時，我們在被物化、被異化，在背離人生意義的道路上越走越遠。

佛家勸解世人：「饑則食，渴則飲，睏則眠。」現世的人卻不饑則食，不渴而飲，不睏則眠，而且爭先恐後，貪婪地追逐金錢要比別人多，汽車要比別人高級，住宅要比別人豪華……

俄國作家托爾斯泰寫過一篇故事：

有個農夫，每天早出晚歸地耕種一小片貧瘠的土地，但收成很少。一位天使可憐農夫的境遇，就對農夫說，只要他能不斷往前跑，他跑過的所有地方，不管多大，那些土地就全部歸他所有。

於是，農夫興奮地向前跑，一直跑、一直不停地跑！跑累了，想停下來休息，然而，一想到家裡的妻子、兒女需要更多的土地來耕作、來賺錢，他就又拚命地再往前跑！

可是，農夫又想到將來年紀大，可能無人照顧、需要錢，就再打起精神，不顧氣喘不已的身子，再奮力向前跑！

最後，他因為體力不支，摔倒躺在地上，死了！

古代波斯詩人薩迪曾說過：貪婪的人，他在世界各地奔走。他在追逐財富，死亡卻跟在他背後。

的確，人活在世上，必須努力奮鬥；但是，當我們爲了自己、爲了子女、爲了有更好的生活而必須不斷地「往前跑」、不斷地「拚命賺錢」時，也必須清楚地知道有時該是「往回跑的時候了」！

3 無財是一種福氣

金錢永不與濫用它的人為伍，但卻善待將它使用得當的人。守財奴誤認為黃金就是幸福，其實黃金只不過是獲得幸福的一種工具而已。

——星雲大師

能安於貧賤的人是有福之人，因爲他們心裡無財富的掛念，所以活得瀟灑。而能在富貴中保持清心寡欲的更是有福之人，因爲他們心裡、眼裡都無瑣事的掛礙，所以活得幸福。

人們往往被金錢迷惑了雙眼，在歡樂的日子裡，想不到痛苦的一面，唯有超卓的人才不至於墮落。

一位老居士的家中生了一個男孩，長得英俊端莊，父母非常疼愛。這孩子從小就聰明異常，和一般的小孩子完全不同。他在無憂無慮中快樂地度過了童年。

居士家中的這個孩子，可是有高人一等的智慧。雖然他生長於安逸的環境中，但仍能瞭解人生的痛苦和罪惡。因此，他在成年以後，就辭親出家當比丘。

有一次，在教化回來的森林裡遇到一隊商人，他們到外鄉經商路過此地。當時已是傍晚，夕陽西下。商人們紮營住宿。

比丘看到這些商人以及大小的車輛載著大量貨物，並不關心，只管在離商隊營帳不遠的地方徘徊踱步。

這時從森林的另一端來了很多山賊。他們打聽到會有商隊經過此地，就想乘夜幕降臨以後劫掠財物。但當他們靠近商營的時候，卻發現有人在營外漫步。山賊怕商隊有備，所以想等大家都睡熟之後再動手，然而營外巡邏的那個人，通宵不入營休息。天已漸亮了，山賊因無機可乘，只得氣憤地大罵而走。

正在睡覺的商人，忽然聽到外面的吵鬧聲跑出來看，只見一大隊的山賊手執鐵錘木棍往山上跑去。營外有一位出家人站在那兒。

商人驚恐地走向前去問道：「大師！您見到山賊了嗎？」

「是的，我早就看到了，他們昨晚就來了。」比丘回答說。

「大師！」商人又向前問道，「那麼多的山賊，您怎麼不怕？獨自一個人，怎能敵得過他們呢？」

比丘心平氣和地說道：「各位！見山賊而害怕的是有錢人。我是一個出家人，身無分文，我怕什麼？賊所要的是錢財寶貝，我既然沒有一樣值錢的東西，無論住在深山或茂林裡，都不會起恐懼之心。」

比丘的話使眾商人醒悟，他們認識到自己的凡俗，對不實在的金錢，大家肯捨命相爭，而對自由自在的平安生活，反而視若無睹。他們決心跟著這位比丘出家修行。從此，他們體會到這個世間苦空的意義，把無常的錢財帶在身邊，那實際上是一種拖累。

因爲貧窮，人才無恐懼心；因爲貧窮，人才有上進心，艱難困苦是人生的一筆財富。它可以化無形爲有形，並告誡你時刻保持冷靜、清醒，讓你正確對待有形的財富。

香港富豪徐展堂出身名門，幼年生活可謂優裕富貴。但上天似乎有意要考驗他。在他十三歲時，父親生意失敗，不久又染上肺癆去世。年幼的徐展堂一下子從蜜罐掉進了苦海。當時，徐展堂剛讀完小學，無奈只好放棄升學，出來謀生，提起幼年時未有更多的讀書機會，徐展堂至今還是感到遺憾。

年僅十三歲的徐展堂不得不涉足社會，面對人生。他曾從事過多種低微的職業，如銀行信差、賣「雲吞麵」、為商店翻新舊招牌、安排看更等。從十幾歲至二十幾歲，是他一生中最為艱苦奮鬥的時間。

艱難的經歷，不僅沒有消磨他的意志，反而激發他的鬥志。他不甘心久居人下，白天工作，晚間則上夜校進修，學習英語，大量閱讀歷史書籍和名人傳記，從中汲取思想養分。

就這樣，他終於成長為香港傳媒界的新星。

無財是一種福氣，能很好利用財富的人同樣享有這種福氣，佛陀所說的斷掉各種貪欲，並非是說讓人變得無情無欲，而是說要消除人的不合理的過分的有礙身心健康的欲望，從而完善人生，使人生更加幸福。

4 小心成為別人「捧殺」的對象

過多的甜言蜜語猶如高利貸，聽得愈多，信得愈切，持續得愈久，要付出的代價愈昂貴。

——延參法師

在生活中，當我們被別人追捧、讚揚的時候，要考慮到別人拍自己馬屁的原因是多方面的，因爲愛，就會有偏袒；因爲害怕，就會有不顧事實的討好；因爲有求於人，便會有虛誇。所以，我們必須在一片讚揚聲中，保持足夠清醒的頭腦。

通常情況下，人們在稱讚別人時，有時是沒有什麼用意的，但有時卻是別有居心的。別有居心的人，可能就是爲了想親近對方。受人讚美時不能樂昏了頭，而應在讚美聲裡領悟對方的用意，以免吃虧上當。

一隻狐狸正在找尋食物，找了很久也沒找到，正餓著肚子時，在河邊碰上了一隻仙鶴。

狐狸腦子一轉，計上心來，換了一副笑臉對仙鶴說：「早安，聰明的仙鶴，近來您的身體好嗎？」

「很好，謝謝您！狐狸先生，您有什麼事嗎？」仙鶴很高興地說。

狐狸湊近一點說：「我有些問題想請教您。如果風從北邊吹來，您的頭朝什麼方向轉？」

「當然是朝南面轉啦。」

「如果風從西面吹來，您的頭朝什麼方向轉？」

「朝東。」

「怪不得連人類都誇您聰明的呢，要我說您一定是世界上最聰明的動物！」

仙鶴已經有些洋洋得意了。

狐狸又悄悄地向前靠近了一點問：「那如果風從四面八方刮來，那該怎麼辦呢？」

仙鶴已經完全被狐狸的奉承話吹暈了，牠得意地說：「那我就把頭伸進翅膀裡去——像這樣。」

愚蠢的仙鶴邊說邊把頭藏進翅膀下面以示範給狐狸看，可是沒等牠再把頭露出來，狐狸「唰」地往前一撲，狠狠地咬住了仙鶴的脖子。

狐狸只憑幾句好聽話就把仙鶴騙成了口裡的美餐，要怪也只能怪仙鶴自己對奉承話太過敏了。雖然這只是一則童話，但是也能給我們很大的啓示。生活中，我們也會常常聽到讚美聲，無論是真誠的還是別有用心的，都應該控制自己，保持冷靜和清醒，以免成爲別人讚美聲中的「犧牲品」。

歐洲有位著名的女高音歌唱家，三十歲時便已享譽全球，而且也已經有了幸福美滿的家庭。有一年，她到鄰國開一場個人演唱會，這場音樂會的門票早在一年前就已經被搶購一空了。

表演結束之後，歌唱家和她的丈夫、兒子從劇場裡走了出來，只見堵在門口的歌迷們一下子全湧了上來，將他們團團圍住。每個人都熱烈地呼喊著歌唱家的名字，其中不乏讚美與羨慕的話。

有人恭維歌唱家大學一畢業就開始走紅了，而且年紀輕輕便進入國家級的歌劇院，成為劇院裡最重要的演員；還有人恭維歌唱家，說她廿五歲時就被評為世界十大女高音歌唱家之一，也有人恭維歌唱家有個腰纏萬貫的大公司老闆做丈夫，而且還生了這麼一個活潑可愛的兒子……當人們議論的時候，歌唱家只是安靜地聆聽著，沒有任何回應與解答。

直到人們把話說完後，她才緩緩地開口說：「首先，我要謝謝大家對我和我家人的讚美，我很開心能夠與你們分享快樂。只是，我必須坦白地告訴大家，其實，你們只看到我們風光的一面，我們還有另外一些不為人知的地方。那就是，你們所誇獎的這個充滿笑容的男孩，很不幸的是個不會說話的啞巴。此外，他還有一個姐姐，是個需要長年關在鐵窗裡的精神分裂症患者。」

歌唱家勇敢地說出這一席話，當場讓所有人震驚得說不出話來，大家你看看我，我看看你，似乎難以接受這個事實。

我們不得不爲這位歌唱家的理智和清醒喝彩！有多少人曾經在一片讚揚聲中，迷惑了雙眼，最終導致了失敗。最讓人扼腕歎息的恐怕該是王安石筆下的方仲永了。

金溪縣有個叫方仲永的人，他家世世代代以種田為業。方仲永五歲時便能做詩，並且詩的文采和寓意都很精妙，值得玩味。

縣裡的人對此感到很驚訝，慢慢地都高看他父親一等，有的還給他們錢。他父親認為這樣有利可圖，便每天拉著方仲永四處拜見縣裡有名望的人，表演作詩，卻不抓緊讓他學習。

到最後，方仲永已與眾人無異。他的聰明才智最終被完全捧殺了。

和方仲永不同的是，世界上越是偉大的人物，越能夠清楚地認識自己的成功，對待他人的讚美，往往是謙虛理智的，有的甚至還很反感別人讚揚他。

在第二次世界大戰中，邱吉爾對英倫之護衛有卓越功勳。戰後在他退位時，英國國會擬通過提案，塑造一尊他的銅像置於公園，讓眾人景仰。一般人享此殊榮高興還來不及，但邱吉爾卻一口回絕。邱吉爾說：「多謝大家的好意，我怕鳥兒喜歡在我的銅像上拉糞，還是請免了吧。」

牛頓，這位傑出的學者、現代科學的奠基人，他發現了萬有引力定律，建立了成為經典力學基礎的牛頓運動定律，出版了《光學》一書，確定了冷卻定律，創制了反射望遠鏡，還是微積分學的創始人……功績顯赫，光彩照人，可當聽到朋友們讚揚他的時候，他卻說：「不要那麼說，我不知道世人會怎麼看我。不過我自己只覺得好像一個孩子在海邊玩耍的時候，偶爾拾到幾隻光亮的貝殼。但對於真正的知識大海，我還沒有發現呢。」

有這樣謙遜好學、永不滿足的精神，牛頓的成功是必然的。古今成大事業、大學問者，正是因爲有了能夠正確對待他人讚揚的態度和謙遜好學的精神，才達到人生的光輝頂點的。

愛聽讚美話就像是人身上的一根軟肋，最容易被人利用。在你保持頭腦清醒和冷靜的時候，別人的讚美是對你的贊同、支持和信任，能給你再接再厲的正能量，給你不斷戰勝困難的信心和勇氣。一旦你的心被那些讚美聲融化，你的眼睛被其蒙蔽，那麼你就會和方仲永一樣，成爲別人「捧殺」的可憐可悲的犧牲品。

4 即便是好的建議，也不一定適合自己

假如你隨著世俗的想法而生活，那麼你絕對無法獲得真正的富有。

——海濤法師

人有一個習慣，常常會不自覺地問別人，自己的衣著、言談、工作表現等如何。芸芸眾生，蒼茫宇宙，我們生而爲人，就註定不能孤獨存在，更不能按照自己的意志去生活。我們的父母、老師、朋友等，都會關注我們的成長，在很多時候，我們都會得到來自他們的建議。這些建議的初衷也許是好的，但是作爲我們，在關注這些建議的同時也要客觀審視它們，因爲即便是好的建議，也不一定都適合自己。

我們時常會遇到這樣的情況，當我們需要做出一個決定的時候，尤其是在我們取得一些成績的時候，總是有很多熱心的人給我們出主意：張三認爲這樣會更有發展前途，李四、趙五也忙著附和。而且他們的建議從表面上看又確實是爲你著想，他們的

本意也許都是好的，可是，他們的建議是否可行呢？

有一隻兔子，身材很修長，天生就很會「跳躍」，所以牠一直有著「跳遠第一名」的美譽，為此，牠感到無比自豪和光榮。

一天，森林裡的國王宣佈，要舉辦運動大會，以提倡全民運動。

於是，兔子就報名參加「跳遠」項目。果然兔子又擊敗了雞、鴨、鵝、小狗、小豬……奪得了跳遠比賽的冠軍。

後來，有一隻老狗告訴兔子：「兔子啊，其實你的天分資質很好，體力也很棒，你只得到跳遠一項金牌，實在很可惜。我覺得，只要你好好努力練習，你還可以得到更多比賽的金牌啊！」

「真的嗎？你覺得我真的可以嗎？」兔子似乎受寵若驚。

「沒錯啊，只要你好好跟我學，我可以教你跑百米、游泳、舉重、跳高、推鉛球、馬拉松……你一定沒問題的！」老狗說。

在老狗的慫恿之下，兔子開始每天練習「跑百米」，早晚都跳下水練「游泳」，游累了，又上岸，開始練「舉重」；隔天，跑完百米，趕快再練「跳高」，甚至撐著竿子不斷往前衝，也想在「撐竿跳」比賽中奪魁。接著，又推鉛球，又跑馬拉松……

第二屆運動大會又來了，兔子報了很多項目，可是牠跑百米、游泳、舉重、跳高、推鉛球、馬拉松……沒有一項入圍，連以前最拿手的「跳遠」，成績也退步了，在初賽就被淘汰了。

作爲一個具有正常思維的人，誰都不會漠視他人對自己的評價，我們謹言愼行就是不願意授人以柄。賽場上的啦啦隊員無疑會影響到運動員的成績，至少也會影響到運動員的士氣。他人的意見往往也是我們自己行爲的鏡子，我們總是在別人的目光中調校著自己的人生座標。

那麼是不是校正的結果就一定是好的呢？同理，不校正的結果就一定是壞的嗎？我們再來看一則寓言故事：

一群青蛙在高塔下玩耍，其中一隻青蛙建議：「我們一起爬到塔尖上去玩玩吧！」

眾青蛙都很贊同，於是牠們便聚集在一起相伴著往塔上爬。

爬著爬著，其中聰明者覺得不對：「我們這是幹嘛呢，這又乾渴又勞累的，我們費勁爬它幹嘛？」大家都覺得牠說得不錯。

於是青蛙們都停下來了，只剩下一隻最小的青蛙還在緩慢地堅持著。

牠不管眾青蛙怎樣在下面鼓鼓噪噪地嘲笑牠傻，就是堅持不停地爬，過了很長時間，牠終於爬到了塔尖。

這時，眾青蛙不再嘲笑牠了，而是在內心裡都很佩服牠。

那麼，到底是一種什麼樣的力量支撐著你自己爬上去了？

答案很是讓人出乎意外：原來這隻小青蛙是個聾子。牠當時只看到了所有人都開始行動，但當大家議論的時候牠沒聽見，所以牠以爲大家都在爬，牠就一個人在那兒晃晃悠悠不停地爬，最後就成了一個奇跡，牠爬上去了。

小青蛙聽不見眾青蛙的議論和嘲笑，也就是說，牠沒有被群體的意見所左右。然而，假設小青蛙不是聾子，聽到別人的議論牠還會冒著乾渴和勞累繼續往上爬嗎？恐怕就不一定了。

這個結果似乎有點讓人啞然，但同時也說明了別人言論的力量是多麼大，大到足以決定一個人的成敗。

生活中，有些人因爲時常顧慮到「別人怎麼說」，一年到頭只好在不知究竟怎樣才好的爲難緊張中團團轉，總也走不出一條路來。

這種人，即使僥倖由於天生的善於應付，而能做到「不受批評」的地步，他最大的成就也不過是個不被討厭的人。別人所給他的最大的敬意，也不過是說他一句圓滑周到而已，而在他自己本身來說，因爲他終生被驅策在「別人」的意見之下，一定感到頭暈眼花、疲於奔命，把精力全部消耗在應付環境、討好別人上，以致沒有餘力去追求自己的夢想。

當然，一個人不應該獨斷獨行，不顧及別人的意見。但我們在聽取別人意見之後，一定要經過自己的認定和理解，用足夠的理智去辨析。有時候，我們應該堅持自己，而不是過分地關注別人的意見。

5君子慎獨，表裡如一

夫身心方寸，舉足下足，常在道場，施為舉動，皆是菩提。

——弘一法師

從小，我們受到的教育就在我們內心埋下了善惡的標準，但重要的不是我們心裡有善惡，而是在我們的行為中能夠遵守內心的標準，而不做違反善的行為，尤其是在沒有別人監督的情況下。

「慎獨」這個詞出自《禮記・中庸》：「君子戒慎乎其所不睹，恐懼乎其所不聞。莫見乎隱，莫顯乎微，故君子慎其獨也。」它的意思是說在最隱蔽的時候最能看出一個人的品質，在最微小地方最能顯示人的靈魂，一個真君子，即使在沒人的時候也不會做出一點不好的言行，而是像在人前一樣。

疾風知勁草，烈火見真金。只有在獨處的時候，才能知道一個人真正的品行。

舉個生活中常見的例子：

比如看到地上有一百元錢，這個時候大多數的人都會將它撿起來放進自己的口袋中，但是由於不是自己的錢所以懷著不心安理得的心理，一般人會先環顧四周，如果周圍沒有人注意他，他就撿起來心安理得地放進兜裡。

如果有人，他也許會喊一聲「誰的錢掉了」，沒人搭理的話，他就會假裝是自己掉了錢，多餘地說一句：「哎呀，原來是我自己的錢掉了，都沒發現。」然後把錢撿起來放進兜裡。

這個現象說明在沒有人監督或者注意時，尤其是獨處時候，就很難像在公眾面前那樣。即使你內心嚮往仁德，但在獨處時候，也可能會把持不住，從而放縱自己。

楊震是東漢時期的名臣，一次因公出去途經昌邑之地，曾經受到楊震提拔的昌邑縣令王密在夜深人靜的時候敲開了他的房門，獻出十兩黃金以表達自己對他的感激之情。

楊震拒絕了王密，王密對楊震說：「半夜三更沒有人知道，您就收下吧！這是我的一點心意。」

楊震義正言辭地回答：「天知，地知，你知，我知，誰說沒人知道！」

於是，他態度絕決地把黃金退給了王密。

元代大學者許衡也有過類似經歷。

一日，許衡與人結伴外出，天氣十分炎熱，這一行人口渴難耐。所以在經過一顆掛滿成熟果實的梨樹時，他人紛紛跑到樹下摘梨解渴，只有許衡一人站在那裡一動不動。

於是就有人問許衡：「你為什麼不摘梨，難道你不渴嗎？」

許衡回答說：「這不是我的梨，怎麼可以隨便亂摘呢？」

大家譏笑他迂腐，笑著說：「世道這麼亂，誰還管這棵樹是誰的呢！」

許衡說：「世道亂，而我的心不亂，梨雖無主，可我心有主。」

君子慎獨，每個人都應該努力地去踐行之。無論何時何地，何種處境，都要時時刻刻注意自己的言行。慎獨是社會生活的淨化器。一旦離開了別人的眼睛，個人的私欲成爲至高無上的追求，降低自己的道德標準來快活自己的時候，你已經在悄悄地腐敗。即使再華麗的外表，也掩不住真實的自己。

慎獨來自於不斷地反省自己，它可以使你的內心不斷的清朗透徹，可以讓你的人格越發的堅韌，慎獨還是一面盾牌，它可以使你抵禦來自方方面面的不良誘惑，可以使你踏實做事、坦蕩為人，使得我們這個社會更加的文明有序，相處和諧。

有些人，平時中規中矩，但遇到事情本性暴露無遺，所有的美好形象不復存在，行為舉止不再溫文儒雅，言談不再禮貌舒服，取而代之的是粗俗、毫無氣質可言。

著名的漫畫家豐子愷先生畫過一幅非常能體現「慎獨」題材的漫畫，畫上的題詞是「無人之處」。

畫上的那個人在有人的時候總是戴著一個面具，笑容禮貌客氣，但是沒有人的時候他將面具摘下，面目猙獰，令人作嘔。這就是偽君子、小人，當面一套，背後一套，表裡不一，真正的君子和此類人的區別是，真君子任何時候都是一個樣，不會因為有人或沒人而改變自己的言行。

慎獨是一個人內在品質的試金石，也是人生正己修身的必修課。生活在喧囂的浮世中，難免會有鮮花掌聲和讚美之詞，使我們不得不高貴矜持起來。但是慎獨卻可以鍛煉我們，警醒著自己不可失了分寸，不能沒了尺度，久而久之就會成為一種習慣。

慎獨是一種寶貴的品德，它如空谷幽蘭，雖不在人們的視野範圍之內，但在高山峽谷中也能堅守自己的本分，保持自己的操守，守著天地，逕自綻放，靜默飄香。

第八章

物忌全勝，事忌全美，人忌全盛

完美主義者總是十分高要求地對待每一件事。
從某種角度上說，這是令事情做得更加出色的動力；
但另一方面，卻也是危險的信號。

1 跟不完美和解

完美只是一座心中的寶塔，你可以在內心嚮往它、塑造它、讚美它，但你卻不可能把它當做一種現實存在，否則只會使你陷入無法自拔的矛盾之中。

——季羨林

在人生中，你絕對不可能讓所有的人都滿意，絕對不可能達到至善至美的境界。完美往往只會成爲人生的負擔，人要是繃緊了完美的琴弦，它就可能發不出音來。

美國作家庫辛曾寫過一篇名爲《你不必完美》的文章，文章中寫了這樣一個故事：

他因為在孩子面前犯下了一個錯誤，感到非常內疚。但他害怕自己在孩子們心目中美好的形象被毀，怕孩子們不再愛戴他，所以他不願主動認錯。在內心的煎熬下，他艱難地過著每一天。

終於有一天，他忍不住主動向孩子們道了歉，承認了自己的過錯，他驚喜地發現，孩子們比以前更愛戴他了。他由此發出驚歎：人犯錯是在所難免的，只要勇於改正錯誤就是一個可愛的人，沒有人期待你是聖人。

金無足赤，人無完人。沒有一個人是完美無瑕的，有缺點和不足，不一定會默默無聞，也不一定會被人否定，只要把你「缺陷、不足」這塊堵在心口上的石頭放下來，別過分地去關注它，它就不會成爲你的障礙。

2 瑕疵也是一種美

我只希望我的事業失敗。因為事情失敗，不完滿，這才使我常常大慚愧，能夠曉得自己的德行欠缺，自己的修善不足，那我才可努力用功，努力改過遷善！

——弘一法師

一次古董的拍賣會上，一件稀世珍寶被一位收藏家以極高的價格拍下。收藏家身邊的朋友說：「唉，可惜了，這件古董有一絲裂痕，否則就更加完美了！」

收藏家卻說：「這個世界上有什麼是絕對完美的呢？我喜歡這個古董，也喜歡這絲裂痕。每個瑕疵都代表著一段故事，有故事的古董才具有收藏價值。」

從經濟學角度上說，這絲細微的裂痕的確讓古董大打折扣。但一個真正的收藏家，卻並不是因爲利益而去珍藏，他們更想要的卻是那份歷史的滄桑感。生活其實也一樣，每個人都想珍藏一段完美無缺的美好記憶。可真正懂得生活的人才明白，只有遺憾的缺失才能永遠被人深深的記住。

世上十全十美的東西大多都是人們想像出來的，總有些不如意的情況伴隨而來。但瑕疵永遠只能是瑕疵，它不可能登堂入室取代美好的感覺。其實這僅僅是一種心態問題，如果你因爲一件事略帶遺憾，便感到惋惜，這本身無可厚非。但不去享受成功的喜悅，卻一味地糾結於瑕疵的懊惱，那麼便是自討苦吃了。這無異於將缺點無限的放大，而令自己痛苦不堪。就像這名收藏家，如果他也像其朋友那樣執著於完美的追求，又怎麼體會收藏的喜悅呢？因爲歷史永遠都不可能重來一次，更不能阻止裂痕的產生。

完美主義者總是十分高要求地對待每一件事。從某種角度上說，這是令事情做得更加出色的動力；但另一方面，卻也是危險的信號。不懂得回味美好和痛苦的並存，就像一個幻想主義者，永遠只能被自己所束縛，無法體會生活的驚喜。

彼得是美國職業橄欖球隊員，他曾經效力過許多球隊，並且每次都能神奇地帶領球隊取得傲人的成績。

在他退役的晚宴上，一位記者問道：「彼得先生，在你的職業生涯中曾經取得多次輝煌的戰績，但有沒有什麼令你感到遺憾的？」

彼得談笑風生地說：「當然有，我又不是上帝。」

記者饒有興致地問道：「那你是否為此而自責呢？」

彼得知道這位記者實際上是有備而來，因為很多人都知道他當年在洛杉磯球隊服役時，曾經在關鍵時刻的失誤而使球隊與聯賽冠軍失之交臂。雖然這件事過去了很久，但每次談及它時都會被球迷們津津樂道。

彼得卻十分大度地說：「你想說的是我在洛杉磯球隊的那個賽季的事嗎？雖然每次被問及此事時我都刻意迴避，那是因為經紀人考慮到我的形象而為我設計的策略。但現在我退役了，說說也無妨。其實在當時我的確有些自責，但這件事對我的影響並沒有大家猜想的那麼嚴重。雖然這是第一次重大失誤，可哪個運動員的一生又是完美無缺的呢？如果有一天我得了老年癡呆症，那麼我想唯一記得的便是那次特殊的經歷。因為這樣我的人生才真正完美了。」

記者又問：「你是說你把這次失誤當成一次美好的回憶嗎？」

彼得想了想說：「也不能算是美好的回憶吧，畢竟這事讓我懊惱了好一陣子。但卻是最難忘的記憶。」

沉默片刻，彼得又補充道：「現在每次回憶起來，我非但不會懊惱，反而認為這是豐富我人生的一劑添加劑！」

追求完美的人是對生活態度的極致要求，也是對成功欲的極致體現。我們渴望成功、渴望成功帶來的滿足感是人與生俱來的品質。但任何事情都有度的衡量，一味地追求完美，追求勝利的步伐，便很容易忘記勝利背後真正的含義。我們所做的一切，說白了無非是讓自己體會快樂、充實和滿足感。成功也好，完美也罷，都逃不出幸福感的圈子。

終究人無完人，金無足赤。當我們因爲一次過錯而令事情產生瑕疵時，需要提醒自己：瑕疵也是一種美。我們可以爲自己總結，讓下一次不再出現同樣的錯誤。但不應該爲此而感到萬分糾結，以至於沉迷其中不可自拔。與其痛苦地爲追求完美的欲望所牽累，不如改變墨守成規的想法，接受瑕疵的存在。把瑕疵當作一種另類的幸福體驗，生活不是更加美好嗎？

3 娑婆世界，沒有遺憾就不能體會快樂

完美只是一個帶著四處走的沉重的擔子，為什麼不立刻就放下呢？為什麼還要拖著它到處跑呢？

——延參法師

佛曰：這是一個娑婆世界，娑婆即遺憾。沒有遺憾，給你再多幸福也不會體會快樂。

在這個有缺陷的世界上，沒有一個人的人生是圓滿的，假使圓滿他就早死掉了，因爲佛稱的娑婆世界，是一個缺陷的世界，所以要保留一點缺陷才好。

一家專營女性婚姻服務的店在市中心全新開張，女人們可以直接進去挑選一個心儀的配偶。

在店門口，立了一面告示牌：「一個人只能進去逛一次！店裡共有六層樓，隨著高度的上升，男人的品質也越高，不過請注意，顧客能在任何一層樓選一個丈夫或者選擇上樓，但不能回到以前逛過的樓層……」

一個女人來這家店尋找一個老公。

一樓寫著：這裡的男人有工作。女人看也不看就上了第二層樓，二樓寫著：這裡的男人有工作而且熱愛小孩。女人上了三樓，三樓寫著：這裡的男人有工作而且熱愛小孩，還很帥。哇！她歎道，但仍強迫自己往上爬。四樓：這裡的男人有工作而且熱愛小孩。令人窒息的帥，還會幫忙做家務。

哇！饒了我吧！女人叫道，我快站不住腳了！接著她仍然爬上了五樓。五樓：這裡的男人有工作而且熱愛小孩，令人窒息的帥，還會幫忙做家務，更有著強烈的浪漫情懷。

女人簡直想留在這一層樓，但仍抱著滿腹期待走向最高一層。

第六層樓出現了一面巨大的電子告示板，上面寫道：「你是這層樓的第一二三四五六七八九位訪客，這裡不存在任何男人，這層樓的存在只是為了告訴女人完美的男人是不可能存在的！」

的確，世間萬物不可能總是十全十美的，這不僅是一種現狀，也似乎是一種規律，就像我們的心情不可能總是晴天，人們的相貌也不總是俊男靚女一樣，「殘缺」總是不可避免地要出現在各自的生活裡。

在現實生活中，人們總在追求完美，欲望無止境的人們，追求完美的心態似乎也無止境，然而，人生卻總有缺憾。事物的本來面目就是這樣：世事大多並不完美！「找一片最完美的樹葉」，人們的初衷總是美好的，但是，如果不切實際地一味找下去，最終往往只會吃盡苦頭。直到有一天你才會明白：爲了尋求一片最完美的樹葉，而失去許多機會是多麼得不償失。

電影《心靈補白》中有一句經典對白：「這個世界上沒有完美的人，你不完美，我不完美，重要的是我們能否完美地走到一起。」完美只會出現在童話裡，現實世界並不完美，完美的事物不存在。如果要活得輕鬆自在一點，就要放下完美，生命給了什麼就去享受什麼。

一位人力三輪車師傅，五十多歲，相貌堂堂，如果去當演員，應該屬於偶像派。當別人問他為什麼願意做這樣的「活兒」，他笑著從車上跳下，並誇張地走了幾步給人家看，哦，原來是跛足，左腿長，右腿短，天生的。

弄得問者很尷尬，可他卻很坦然，仍是笑著說，為了能不走路，拉車便是最好的偽裝，這也算是「英雄有用武之地」。他還驕傲地告訴別人：「我太太很漂亮，兒子也很帥！」

有這樣一位女子，她喜歡自助旅行，一路上拍了許多照片，並結集出版。她常自嘲地說：「因為我長得醜，所以很有安全感，如果換成是美女一個人自助旅行，那就很危險了。我得感謝我的醜！」

英國有位作家兼廣播主持人叫湯姆・撒克，事業、愛情皆得意，但他只有一百三十公分，他不自卑，別人只會學「走」，他學會了「跳」，所以，他成功了。他有句豪言：「我能夠得到任何想要的東西。」

其實，在人世間，很多人註定與「缺陷」相伴而與「完美」相去甚遠。渴求完美的習性使許多人做事比較小心謹慎，生怕出錯，因此，必然導致其保守、膽小等性格特徵的形成。在現實生活中我們不難發現，有的人長得一表人材，舉止得體，說話有分寸，但你和他在一起就是覺得沒意思，連聊天都沒絲毫興致。這些人往往是從小接受了不出「格」的規範訓練，身上所有不整齊的「枝杈」都給修剪掉了，於是便失去了個性獨具的風采和神韻，變得乾巴、枯燥，沒有生機，沒有活力。客觀地說，人性格上的確存在著「缺陷美」，即在實際生活中，那些性格有「缺陷」而絕對不屬於十全十美的人反而顯得更具有內在的魅力，也更具有吸引力。

缺陷和不足是人人都有的，但是作爲獨立的個體，你要相信，你有許多與眾不同的甚至優於別人的地方，你要用自己特有的形象裝點這個豐富多彩的世界。也許你在某些方面的確遜於他人，但是你同樣擁有別人所無法企及的專長，有些事情也許只有你能做而別人卻做不了！

學會欣賞自己的不完美，並將它轉化成動力，才是最重要的。

著名畫家劉墉在教國畫的時候，經常發現有些學生極力掩飾自己作品上的缺點，有時畫得差，乾脆就不拿出來了。

遇到這種情況，劉墉會對他們說：「初學畫總免不了缺點，否則你們也就不必學了！這就好比去找醫生看病，是因為身體有不適的地方，看醫生時每個病人總是儘量把自己的症狀說出來，以便醫生診斷。學畫交作業給老師，則是希望老師發現錯誤，加以指正，你們又何必掩飾自己的缺點呢？」

有缺陷並不是一件壞事，那些自認爲自身條件已經足夠好以至於無可挑剔、不必改變現狀的人往往缺乏進取心，缺少超越自我追求成功的意志。相反，承認自己缺陷，正確認識自己的長處與短處，可以使我們處在一種清醒的狀態，遇事也容易作出最理智的判斷。人是註定要與「缺陷」相伴，而與「完美」相去甚遠的。所以不完美也是一種完美，把自己定位爲一個不完美的人是一種豁達、成熟，更是一種智慧！

4 學會昇華和超越缺憾

天下皆知美之為美，斯惡已。皆知善之為善，斯不善已。故有無相生，難易相成，長短相形，高下相傾，音聲相和，前後相隨。

——老子《道德經》

人人都追求沒有缺陷的東西，但是世界上絕對完滿的事物幾乎是不存在的。人生也有許多不完美之處，每個人都會有各式各樣的缺憾。但人生的缺憾有其獨特的意義，因爲有了缺憾，我們才有夢，才有希望。沒有缺憾我們便無法去衡量完美。我們不能杜絕缺憾，但我們可以昇華和超越缺憾，缺憾可以成爲我們追求的某種動力。

有這樣一個故事，說的是孫老漢家有五個兒子。

一個忠厚但比較呆板，一個調皮但比較精明，另外三個是一瞎、一駝、一跛。按說這種庸人、廢人集中的家庭，一定難以生存。

但孫老漢知人善用，讓老實的務農，調皮的經商，失明的按摩，駝背的搓繩，跛腳的紡線。結果全家人各盡其才，安居樂業，衣食無憂。

這個故事讓我們看到，缺憾是幸福人得不到的幸福，是痛苦人不想得到的痛苦，人有悲歡離合，月有陰晴圓缺，缺憾處處都有。五顏六色的缺憾拼成了一幅完整的人生畫卷，生活也因此而豐富多彩。

其實，缺憾也是一種美。美真正的價值往往不在於它的完整，而在於那一點點的殘缺，就如同缺失雙臂的維納斯，它能給人以無限的遐想，美麗也就在這樣一種缺憾和遐想中成爲極致的。

有一個故事，講的是有個圓被切去了很大的一塊角，它想讓自己恢復完整，沒有任何殘缺，於是四處尋覓失落的部分。因為它殘缺不全，只能慢慢滾動，所以能在路上欣賞鮮花，能和毛毛蟲聊天，能享受陽光。它找到各種不同的碎片，但都不合適，所以只能把它們留在路邊，繼續往前尋找。

有一天，這殘缺的圓找到了一塊非常合適的碎片，開心得很。把它胡亂地拼上後，就開始滾動。現在它是完整的圓了，能滾得很快。但它卻發覺因為滾動得太快，看到的世界好像完全不同了，於是它停止了滾動，把補上的碎片丟在路邊，又慢慢地滾走了。

沒有缺憾就沒有悲壯，沒有悲壯就沒有崇高。雪峰是偉大的，因爲那裡常埋著登山者的遺體；峽谷是偉大的，因爲有探險者的墓誌銘；大海是偉大的，因爲漂浮著檣櫓的殘骸；人生是偉大的，因爲有無可奈何的缺憾。品味缺憾，猶如品味一串火紅的辣椒，當你辣得酣暢淋漓的同時，也享受了一份特有的付出和滿足。

貝多芬，如此音樂天才，竟然在正值創作高峰時雙耳失聰，這對一個以音樂為生的人來說是多麼大的打擊。當時的人們也紛紛表示惋惜，難道這少有的天賦就此湮滅在芸芸眾生之中？

但貝多芬就是在這巨大的缺憾面前發起蓬勃的創作欲望，雄渾與悲壯的《第九交響曲》響徹了幾個世紀，綿綿不息。若他的音樂道路一帆風順，他還會有缺憾過後的成就嗎？

不完美是生活的一部分，擁有缺憾是人生另一種意義上的豐富和充實。我們只有放棄完美，才能樹立起自信自愛的意識，才能真正地認識和確立自己的價值、選擇和追求。能認識到自己有種缺憾，勇於放棄不切實際的夢想而坦然的人，可以說是完整的。

「饑餓沒有什麼可怕的，爸爸。」一個耳聾的男孩苦苦地央求父親將他從救濟院抱出去，讓他去獲得接受教育的機會。

「我們會生活在一個物質充足的社會中，並且，我知道怎麼樣來阻止饑餓，至少窮人都是靠一點點糖果來維持生存的，感到餓得難受時，他們就用一根帶子把自己的肚子勒緊，不是嗎？為什麼我不能這樣？再說，灌木叢中長滿黑梅和堅果，而原野上到處都可以找到蘿蔔，它們都可用來充饑；一個乾草堆就是一張很好的床……」

這個可憐的耳聾男孩就是基托，一個有著酒鬼父親的「小乞丐」。然而，正是這個孩子，最後成了有史以來最優秀的聖經學者之一。他沒有因出身的卑微、先天的缺憾而悲傷沉淪，最終通過自己的努力而名揚世界。

如果說人生是一本書，缺憾就是一串串省略號，空白之處，蘊含著深刻的哲理；如果說人生是一幕音樂劇，缺憾就是一個個休止符，無聲之中醞釀著新的活力。一瞬間的寂靜，凝聚起下一個樂章的序幕。

我們都知道檸檬又苦又酸，一點也不討人喜歡，根本無法下嚥。可是如果把它榨成汁，加上水，加上糖，倒進蜂蜜，卻變成人人愛喝、生津止渴的檸檬汁。如果上天給了我們一個酸苦的檸檬，那我們就想辦法把它榨成檸檬汁吧！

不要期望上天賜給我們現成好喝的檸檬汁，事實上，上天總是處處用缺憾刁難我們，這簡直讓我們憎恨，卻又無可奈何。如果你拿到了又苦又酸甚至還有毒的「檸檬」，也不要抱怨，就自己想辦法把它剖開、切片、榨汁，細細地加工處理，然後靜靜地坐下來，好好享受歷經千辛萬苦才得到的寶貴檸檬汁吧。

正因爲有了這個過程，你手裡的檸檬汁才愈加珍貴，愈加香甜，這時你會感謝上天給你的這個檸檬。

5 欣賞厄運之美

秋風落葉亂為堆，掃盡還來千百回，一笑罷休閒處坐，任他著地自成灰。但知息心即休，更不用思前慮後。

——趙洲禪師

生命本來就是不能被安排的。人生的際遇也許像朝陽一樣可喜，像綿羊一樣可親，也許像惡魔一樣恐怖。可是，你萬萬想不到會一下子時運不濟，處處遭遇打擊，被人誤解侮辱，壓榨欺凌，如遇猛虎。更慘的是，有時厄運如同車輪，在你的頭上若無其事地軋過。

一位疲憊的詩人去旅行，出發沒多久，他就聽到路邊傳來一陣悠揚的歌聲，那是一個快樂男人的聲音。

他的歌聲實在太快樂了，像秋日的晴空一樣明朗，如夏日的泉水一樣甘甜，任何人聽到這樣的歌聲，都會馬上被感染，讓快樂把自己緊緊地包裹起來。

詩人駐足聆聽。歌聲停了下來，一個男人走了出來，他的微笑甚至比他本人出來得更早。

詩人從來沒有見過一個人笑得這樣燦爛，只有一個從來沒有經歷過任何艱難困苦的人，才能笑得那樣燦爛，那樣純潔。

詩人上前問候：「您好，先生，從您的笑容就可以看得出來，您是個與生俱來的樂天派，您的生命一生不染，您既沒有嘗過風霜的侵襲，更沒有受過失敗的打擊，煩惱和憂愁也沒有叩過您的家門……」

男人搖搖頭：「不，您錯了，其實就在今天早展，我還丟了一匹馬呢，那是我唯一的一匹馬。」

「最心愛的馬都丟了，您還能唱得出來？」

「我當然要唱了，我已經失去了一匹好馬，如果再失去一份好心情，我豈不是要蒙受雙重的損失嗎？」

生命不僅僅是一種結果，更是一個過程。過程中難免要有一些暗淡的色彩，也許會給生命帶來缺憾。但學會欣賞厄運之美，能使我們沉迷時變得清醒，軟弱時變得堅強，頹廢時變得積極，愁苦時變得歡樂，對任何事也就可以拿得起，放得下，甩得開了。

有一位很有名氣的心理學家，一天給學生上課時拿出一隻十分精美的咖啡杯。當學生們正在讚美這只杯子的獨特造型時，他卻故意裝作失手，咖啡杯掉在水泥地板上，摔了個粉碎。學生們不斷地發出了惋惜之詞。

這位心理學家指著咖啡杯的碎片說：「你們一定對這只杯子感到惋惜，可是這種惋惜無法使咖啡杯再恢復原形。今後在你們的生活中發生了無可挽回的事時，請想想這只破碎的咖啡杯。」

如果不幸已經發生，那麼就去接受不可改變的現實吧，即使再不情願，也要及時收住自己錯誤的腳步，尋找新的方向。記住，事情已經發生，如果不能改變它，那麼我們要做的就是接受它。

6見好就收，順其自然

功成，名遂，身退，天之道也！

——老子《道德經》

萬事萬物不能長久的存在而不衰退，所以盛極之後，必然會轉衰。老子《道德經》中有一句話：「功成，名遂，身退，天之道也！」他認爲一個人成就了功業，建立了名望，就應該收斂身退，這才是天地之道。

人生在世，誰都希望能夠做出一番驚天動地的大事業來。

孟子說：「窮則獨善其身，達則兼濟天下！」

在這種理念的宣導下，無數的儒家學子投入了「兼濟天下」的洪流當中，這原本是好的，不過，在濟世的過程中，大多數人都漸漸被名利所牽絆，即使是功成名就之後，依然對這些戀戀不捨，不能抽身而退。

范蠡與文種都是越國名臣，在越國打敗吳國後，范蠡深知大名之下難久居，所以明智地選擇了功成身退，「自與其私徒屬乘舟浮海以行，終不反」。他還遣人致書文種，謂：「飛鳥盡，良弓藏；狡兔死，走狗烹。越王為人長頸鳥喙，可與共患難，不可與共樂，子何不去？」文種未能聽從，不久果真被勾踐賜劍自殺。

與之類似的還有韓信與張良，兩人位屬「漢初三傑」之列，為高祖建漢立下赫赫功勳，張良深知功高震主的道理，所以天下安定後，他便託辭多病，閉門不出，漸漸消除自己的影響，甚至拒絕了劉邦封王的獎賞，只請封了個萬戶侯，最後得以善終。而被稱為「功高無二，略不世出」的韓信卻因為自持功高，不知收斂，最後被誅三族。

從古至今，這種「飛鳥盡，良弓藏；狡兔死，走狗烹」的悲劇就從來沒有停止過。其實，功成身退不失爲明哲保身的好辦法，主動退下來，反而能夠頤養天年，得以善終。越是功勞大的人，越是要及早抽身，因爲那些上位者所忌憚的就是那些功勞最大的人。

商鞅仕秦孝公時，以歷史上有名的「商鞅變法」的功績，奠定了自己的地位，然而，就因為他過於注重權柄，不知功成身退的道理，為最後身死埋下了禍根。

當初，商鞅變法時注重「亂世用重典」，採取了極其嚴厲的政治改革措施，這雖幫助秦國從一個相對弱小的國家迅速地強大了起來，但也因此觸動了許多權貴的利益，在朝野上下樹起了數不清的政敵。但是因為有孝公支持，所以他的敵人們對他也無可奈何。

然而，有句古話叫做「功高蓋主」，權勢越來越大的他也漸漸使得秦孝公感到威脅。孝公生前還曾故意傳位於他，以試其心，雖然他沒有領受，但也可見當時他已見疑於君上了。這時他本應主動功成身退，隱遁避險。另有趙良引用「以德者榮，求力者威」之典故力勸商鞅隱退，可商鞅並不以為然、固執己見。

最終，孝公將他的權力漸漸駕空。秦孝公一去世，反對派們在惠王即位後，紛紛策謀陷害他。最終，商鞅被秦惠王以謀反罪名被處以五馬分屍的極刑。

功成身退是自然之道，符合天地自然的規律，只知道一味地前進，等得收斂退守，那結果只能是盛極而衰。正如《易經》所云：「亢龍有悔，盈不可久也。」滿盈的東西是不可能長久的。

秦國的另一位宰相李斯，也是如此。李斯爲秦相，功勞卓著，但秦二世二年七月，卻因遭奸人誣陷，論腰斬咸陽市，臨行的時候，他對自己的兒子說：「吾欲與若復牽黃犬俱出上蔡東門逐狡兔，豈可得乎！」

在此時李斯的眼中，什麼功名利祿都比不上「陪著兒子牽著黃狗到上蔡東門外去打獵」了，可惜他明白得太晚了。

一般人在最初的時候都是懷著一顆赤子之心做事的，然而隨著時間的推移，自己做的事情越來越多，開始覺得自己的付出不能白費，應該得到相應的報酬，立的功勞越大，這種想法就越強烈，於是在功成名就之後，就貪戀紅塵，不肯輕易離去。而這種求權求利的心態正是皇帝所忌諱的，殺身之禍也就因此而引上身。只有那些能夠看得開的人，能夠把理想作爲人生目標的人，才能躲過這樣的災難，他們的退隱等於是給皇帝吃了一顆定心丸，一般情況下，可以保住自己的性命。

第九章

苦修成佛，還是苦修成魔

任何一條通向成功的道路都不會是一帆風順、平平坦坦的，
都或多或少地存在些彎路，
人們在一次又一次的跌倒之後才能為成功找到出路。

1 忍辱負重，如飲甘露

休言極樂苦難生，才說難生是障門。
佛力自能除業力，信根端可拔疑根。
——弘一法師

佛經說：「不能忍受譭謗、批評、惡罵如飲甘露者，不能名之爲有力大人也！」

很久以前，某座城市裡建起了一座規模很大的寺廟，建好之後，善男信女們便祈求西天的佛祖給他們送來一個最好的雕刻師來雕刻一尊佛像。於是如來便派來一個精於雕刻的羅漢幻化成一個雕刻師來到人間。

雕刻師在兩塊備好的石料中選了一塊質地上乘的石頭，便開始了工作，可是沒想到他才拿起鑿子剛剛鑿了幾下，這塊石頭便喊起痛來。

雕刻師勸他說：「不經細細地雕鑿，你將永遠都是一塊不起眼的石頭，還是忍一忍吧！」

可是，等到鑿子一落到石頭上，它依然哀嚎不已：「痛死我了，痛死我了。求求你，饒了我吧！」

雕刻師實在忍受不了這塊石頭的叫嚷，便停止了工作。於是，就選了那塊質地遠不如它的粗石頭重新雕鑿起來。雖然這塊石頭的質地較差，但它感到自己能被雕刻師選中而從內心感激不已，它更對自己將被雕成一尊精美地雕像深信不疑。

所以，任憑雕刻師的刀琢斧敲，它都默然不響地堅忍承受。而雕刻師呢？因為知道這塊石頭的質地差些，為了展示自己的藝術，他工作得更加賣力，雕鑿得更加精細。不久，一尊肅穆莊嚴、氣魄宏大的佛像赫然立在人們的面前。

這座廟宇的香火非常鼎盛，日夜香煙繚繞，天天人流不息。為了方便日益增加的香客，那塊怕痛的石頭被人們弄去填坑築路了。由於當初承受不了雕鑿之苦，現在只得忍受人來車往、頻繁碾過的痛苦。看著雕像安享人們的膜拜，內心裡總覺得不是滋味。

有一次，它憤憤不平地對正路過此處的佛祖說：「佛祖啊，你太不公平了，你看那塊石頭的資質比我差得多，如今卻享受著人間的禮贊尊崇，而我卻每天遭受凌辱踐踏，日曬雨淋，你為什麼要這樣的偏心啊？」

佛祖微微一笑，說：「質地也許會給你帶來人們偏愛的幸運，但成功卻是來自一刀一銼地雕琢啊！你受不了雕鑿之苦，只能最後得到這樣的命運啊！」

這是一個發人深省的人生寓言，就像故事中所說的那樣，我們每個人內在的潛質、潛能和潛在的智慧，便是我們成就未來輝煌的那塊「石頭」，而雕刻師就是我們自己，成功的關鍵就是你能否堅忍地承受雕鑿之痛。

俗話說：「木不雕不成才，玉不鑿不成器。」成功的大門向來是朝著每一個人敞開的，能否成功，在很大程度上並不取決於其智商的高低和客觀環境的好壞，而取決於是否具有堅強意志和承受挫折的能力。

2 厭惡苦並無法驅走苦

樂觀的人看黑暗裡有明燈，悲觀的人把燈吹熄又恢復黑暗。

樂觀主義者瞭解世界的灰暗面，悲觀主義者則試圖找出證據。

——聖嚴法師

大哲學家尼采說過：「受苦的人，沒有悲觀的權利。」已經受苦了，爲什麼還要被剝奪悲觀的權利呢？因爲受苦的人，必須克服困境，悲傷和哭泣只能加重傷痛，所以不但不能悲觀，而且要比別人更積極、更樂觀。

任何一條通向成功的道路都不會是一帆風順、平平坦坦的，都或多或少地存在些彎路，人們在一次又一次的跌倒之後才能爲成功找到出路。

生活中，每個人都會面臨失敗的考驗。成功者也會失敗，但他們之所以是成功者，就在於他們失敗了以後，不是爲失敗而哭泣流淚，而是從失敗中總結教訓，並勇敢地站起來，再接再厲。

可失敗者則不然，他們失敗之後，不是積極地從失敗中總結教訓，而是一蹶不振，始終生活在失敗的陰影裡。他們可能也會總結，但他們的總結只限於曾經失敗的事情。「我當初要是不那麼做就好了」，「開始我要是如何做就不會失敗了」，或會找出種種藉口爲自己的過錯去開脫責任。

如果你只是一味地自責、懊惱，活在失敗的陰影裡，實際上只會徒勞傷神、於事無補。

美國生理學家謝靈頓年輕時曾不務正業，人們稱他「壞種」。開始，他並不以為恥，毫無悔過之心。可是有一次，他向一位他深深愛慕的女孩求婚時，那女孩兒說：「我寧願投河淹死，也絕不嫁給你！」謝靈頓因此無地自容，羞愧萬分，但他從此幡然悔悟。他發誓：「將要以輝煌的成就出現在人們面前。」

於是，他懷著發憤的志向，悄悄離開了那位女孩。由於他刻苦鑽研，在中樞神經系統生理學方面碩果纍纍，先後在英國多所名牌大學任教授，並於一九三二年獲諾貝爾生理學、醫學獎。

現實生活中，成功的人，不一定是智商很高的人，而是在犯錯誤之後能認識自己的錯誤，並積極地抓住機遇，去開拓屬於自己的目標的人。成功和失敗之間，往往只有一紙之隔。如果你能正確地認識到自己的不足，並加以更正，最後的勝利就一定會屬於你。

大部分人在一生中都不會一帆風順，都難免會遭受挫折和不幸，但是成功者和失敗者非常重要的一個區別就是：失敗者總是把挫折當成失敗，從而使每次挫折都會動搖他勝利的信念；成功者則是從不言敗，在一次又一次挫折面前，他總是對自己說：「我不是失敗了，而是還沒有成功。」一個暫時失利的人，如果繼續努力，打算贏回來，那麼他今天的失利，就不是真正的失敗。相反的，如果他失去了再戰鬥的勇氣，那就是真輸了！

美國著名電臺廣播員莎莉·拉菲爾在她三十年職業生涯中，曾經被辭退十八次，可是她每次都放眼最高處，確立更遠大的目標。最初由於美國大部分的無線電臺認為女性不能吸引觀眾，沒有一家電臺願意雇用她。

她好不容易在紐約的一家電臺謀求到一份差事，不久又遭辭退，說她跟不上時代。莎莉並沒有因此而灰心喪氣。她總結了失敗的教訓之後，又向國家廣播公司電臺推銷她的節目構想。

電臺勉強答應了，但提出要她先在政治台主持節目。「我對政治所知不多，恐怕很難成功。」她也一度猶豫；但堅定的信心促使她去大膽地嘗試了。她對廣播早已經輕車熟路了，於是她利用自己的長處和平易近人的性格，大談即將到來的七月四日國慶日對她自己有何種意義，還請觀眾打電話來暢談他們的感受。聽眾立刻對這個節目產生興趣，她也因此而一舉成名了。

如今，莎莉・拉菲爾已經成為自辦電視節目的主持人，曾兩度獲得重要的主持人獎項。她說：「我被人辭退過十八次，本來可能被這些厄運嚇退，做不成我想做的事情。結果正好相反，我讓它們鞭策我勇往直前。」

有些人總把眼光拘泥於挫折的痛感之上，他就很難再抽出身來想一想自己下一步如何努力，最後如何成功。

一個拳擊運動員說：「當你的左眼被打傷時，右眼還得睜得大大的，這樣才能夠看清敵人，也才能夠有機會還手。如果右眼同時閉上，那麼不但右眼也要挨拳，恐怕連命都難保！」拳擊就是這樣，即使面對對手無比強勁的攻擊，你還是得睜大眼睛面對受傷的感覺，如果不是這樣的話，一定會失敗得更慘。其實人生又何嘗不是這樣呢？

在冰天雪地中歷險的人都知道，凡是在途中說「我撐不下去了，讓我躺下來喘口氣」的同伴，很快就會死亡，因爲當他不再走、不再動時，他的體溫就會迅速地降低，接著很快就會被凍死。可不是嗎？在人生的戰場上，如果失去了跌倒以後再爬起來的勇氣，我們就只能徹底的失敗。

弘一法師說：「厭惡苦並無法驅走苦；唯有放下想要苦消失的念頭，也就是去正面地接受它，苦才會有消失的一天。當我們想到無窮盡的存在界本具不圓滿性時，我們內心那一點的痛苦又何足掛齒呢？不讓心追逐樂受，也不讓心墮於苦受，就讓它們順其自然。」

3 吃苦要當成吃補

個人的成就，常常都是從血汗、辛苦、委屈、忍耐、受苦中，點滴累積而成。正如松柏必需受得了霜寒，才能長青；寒梅必須經得起冰雪，才能吐露芬芳。

——星雲大師

現在，有一個最讓企業頭痛的問題是：新招來的員工吃不了苦，沒有一點吃苦耐勞的精神。有些人在企業裡幹了幾天，甚至才幹了幾小時就辭職走人，沒有堅定的意志。

一個知名企業家說：一個優秀員工要有吃苦耐勞的精神。現在有些青年員工，剛到企業來工作時決心很大，可到最後總有一部分人被淘汰，一部分人成爲崗位操作能手。爲什麼？其中的關鍵是被淘汰的這部分人缺乏一種吃苦的精神。任何一種工作都很辛苦，但美好的生活是靠我們用雙手勞動去爭取的。你有多少付出，就會有多少收穫。

具有吃苦耐勞的精神，是一個人成就事業的基本條件。

星雲大師在談起「福報」時說，其實，佛教並不提倡吃苦，即以修行而言，認爲樂行太過熱哄哄，苦行太過冷冰冰，所以在苦樂之間，佛教宣導中道。當樂的時候應該要節制，不能樂極生悲；當苦的時候，應該要面對苦難，百折不撓，衝過苦關，前途自然「柳暗花明又一村」，但是，個人的成就，常常都是從血汗、辛苦、委屈、忍耐、受苦中，點滴累積而成。正如松柏必需受得了霜寒，才能長青；寒梅必須經得起冰雪，才能吐露芬芳！

「偉大」，是多少辛苦和努力換來的讚美詞。

香港超人李嘉誠，被美國《時代》雜誌評選為全球最具影響力的廿五位企業界領袖之一，同時他也是香港歷史上的首位千億富翁。他所建立的長江實業為香港的第一大企業集團。他的成功離不開吃苦耐勞的精神。

李嘉誠幼年喪父，家庭的重擔由他一肩扛起。十四歲，正是一般青少年求學的黃金歲月，應該是無憂無慮的，然而迫於生計他不得不選擇輟學，走上謀職一途。他好不容易在港島西營盤的春茗茶樓找到一份擔任服務生的工作。每天清晨五點左右一般人都還在睡夢中的時候，他就必須提起精神從溫暖的被窩中爬起，然後趕到茶樓準備茶水及茶點。每天他的工作時間長達十五小時以上。生活簡直就是一場嚴酷的考驗與磨練。

舅父非常疼愛李嘉誠，為了讓他能夠準時上班，就買了一隻小鬧鐘送他。他把鬧鐘調快了十分鐘，以便能最早一個趕到茶樓開門工作。茶樓的老闆對他的吃苦肯幹深為讚賞，所以李嘉誠就成為茶樓中加薪最快的一位員工。

曾有人問李嘉誠的成功秘訣。李嘉誠講了下面這則故事：

在一次演講會上，有人問六十九歲的日本「推銷之神」原一平其推銷的秘訣是什麼，他當場脫掉鞋襪，將提問者請上講臺，說：「請你摸摸我的腳板。」

提問者摸了摸，十分驚訝地說：「您腳底的老繭好厚呀！」

原一平說：「因為我走的路比別人多，跑得比別人勤。」

李嘉誠講完故事後，微笑著說：「我沒有資格讓你來摸我的腳板，但可以告訴你，我腳底的老繭也很厚。」

李嘉誠講的這個故事，給我們這樣的啓示：人生中任何一種成功都不是唾手可得的，不能吃苦、不肯吃苦，是不可能獲得任何成功的。

「吃得苦中苦，方爲人上人」。這句流傳千百年的至理名言告訴我們一個這樣的道理：吃苦耐勞也是成功秘訣。那些能吃苦耐勞的人，很少有不成功的。這是因爲苦吃慣了，便不再把吃苦當苦，能泰然處之，遇到挫折也能積極進取；怕吃苦，不但難以養成積極進取的精神，反而會對困難挫折採取逃避的態度，這樣的人當然也就很難成功了。

自古的偉人聖賢，哪一個不是從苦難中慢慢奮鬥成功的？佛陀的六年苦行；達摩的九年苦苦面壁；王寶釧經過十八年苦守寒窯，才能爲人記住；蘇秦懸樑刺骨苦學有成，才能爲人所稱道；孫中山一生的辛苦，半生的奔走，才能創建民國；王冕窮困中不忘苦學，才能成功；少林寺僧不經過苦練，哪裡能成功？

人，大多數都喜歡嘗甜頭，不歡喜吃苦。其實，人生本味，酸甜苦辣，百味雜陳。有人喜甜，有人愛酸，有人吃苦，有人好辣。一桌佳餚，有酸甜苦辣，能夠各食其好，各取所需，皆大歡喜！既然「酸甜苦辣」既是人生本味，如果人生想要創造未來，耕耘前途，發展事業；只能吃甜，不肯吃苦，這就不容易有所作爲了！所以，應該把吃苦當成吃補。

4 一切流言都不足為懼

聞惡，不可即嗔，恐為讒夫泄忿；聞善，不可即親，恐惹奸人近身。

——弘一法師

俗話說，哪個人前不說人，誰人背後無人說。人活於世，身後難免會有是非流言，也難免會被別人議論，甚至被誤解。在這樣的情況下，很多人都可能會傷心、難過，情緒難免會被流言所左右。其實，只要你能冷靜下來想一想，這是大可不必的，因爲所謂的「流言」只不過是你耳邊的一陣風而已，在它產生的一瞬間便已經沒有對錯之分，如果你與其較勁，就是在拿別人的錯誤懲罰自己。

所以當我們在生活中聽到有關於自己的「是非流言」時，只要將其擱置一旁不予理睬，一段時間後它便會煙消雲散，因爲「是非止於智者」，流言是經不起推敲的。

慧緣法師是唐代著名的法師，他曾獨自一人在寺院後的山岩洞裡修持了十年，後來又回到了承天寺，每天夜裡都會在寺中通宵打坐。

有一天，大殿上功德箱裡面的錢突然丟失了，法師無疑成為眾人懷疑的對象。因為在他回寺之前從未發生過此類的事情，而且大家都知道他每夜都會在大殿內打坐，如果是別的盜賊前來行竊，他應該知曉才是。

但是，當寺院住持當眾說起這件事的時候，慧緣法師並沒有任何的反應，於是所有人都認為偷功德款的人一定就是慧緣了。所以，全寺中的眾僧人以及和尚、居士無不對慧緣法師另眼相看，都向他投來鄙視的目光。

但是，慧緣法師處在這種人人怒目相視的環境中，仍然能夠心平氣和，若無其事。他既沒有站出來喊冤叫屈，向眾人申明一切，也並沒有流露出半點受委屈的情緒，而是與平常沒有兩樣，每天按時去吃飯、每晚還是照樣去大殿打坐。

終於，在七天後，寺中的住持來揭開了謎底：

原來功德款根本沒有丟失，只是住持為了考驗慧緣法師而設的局，主持想知道慧緣法師在山洞中修煉了十年到底達到了什麼樣的境界。沒料到他竟能在遭遇冤枉的情況下，依然不改常態，以一顆平常心去生活，為此，全寺上下無不由衷地對他產生了崇敬。

清新脫俗的蓮花，出淤泥而不染，濯清漣而不妖。但倘若沒有淤泥，又如何生得出蓮花呢？每個人都無法左右別人的思想，但命運並不會因爲別人對你的歪曲和誤解而定格你的人生，很多人可以對你指手畫腳，但他們並沒有決定你命運的權利。

雲海禪師是一位善於繪畫的高手，可是他每次作畫前，必堅持購畫之人先行付款，否則決不動筆，因為這樣，旁人常有微詞。

有一天，一位財主請雲海禪師幫他作一幅畫。

禪師問：「你能付多少酬勞？」

財主回答道：「你要多少我就付多少！但我要你到我家去當眾揮毫。」

雲海禪師允諾跟著前去，原來那財主家中正在宴客，雲海禪師以上好的狼毫為他作畫，畫成之後，拿了酬勞正想離開。

那財主就對宴桌上的客人說道：「這位畫師只知要錢，他的畫雖畫得很好，但心地骯髒，金錢污染了他的善美。出於這種污穢心靈的作品是不宜掛在客廳的，它只能裝飾我的衣衫。」

說著便將自己穿的衣衫脫下，要雲海禪師在它後面作畫。

禪師問道：「你出多少錢？」

財主答道：「隨便你要多少。」

雲海禪師開了一個特別昂貴的價格，然後依照那位財主的要求，在他的衣衫上畫了一幅畫，畫畢立即離開。

很多人懷疑，為什麼只要有錢就好？受到任何侮辱都無所謂的雲海禪師，心裡是何想法？

原來，在雲海禪師居住的地方經常發生災荒，富人都不肯出錢救助窮人，因此他建了一座倉庫，貯存稻穀以供賑濟之需。又因他的師父生前發願建寺一座，但不幸其志未成而身亡，雲海禪師便想要完成其志願。

當雲海禪師完成其願望後，立即拋棄畫筆，退隱山林，從此不復再畫。他只說了這樣的話：「畫虎畫皮難畫骨，畫人畫面難畫心。」

很多時候，流言只是一些無聊的人在無聊的生活之餘的談資而已，本身並沒有什麼惡意。對於這些隨口而出的評價，我們也完全可以置之不理，即便是偶然從他們身邊路過聽到，也可以一笑了之，沒有必要將之放在心上。

一些帶有攻擊性的惡意流言，大多是在人們不平衡的心理作用下產生的。對於這樣的流言，我們更應該一笑了之。別人忌妒你，說明你比對方優秀，一個優秀的人是沒有必要與一個不如自己的人計較的。再者，這些帶有攻擊性的惡意的流言，是對方故意讓你傷心難過的，如果你真的爲此而傷心難過，豈不是正中了對方的下懷。爲此，對於一些惡意的流言，我們也可以完全置之不理。但是，對於一些子虛烏有，且已經對自身的名譽造成了重大損害的流言，我們則可以考慮以法律的形式加以追究，即便是借助法律武器，也沒必要給自己太大的心理壓力，因爲一切都是人之常情而已。

另外，一些流言如果真涉及自己的不當言行，也應該及時注意並加以改正，將之看作一個完善自身的機會，切不可爲此而陷入極大的精神壓力之中。

同時，如果你是個膽小懦弱、害怕「眾口鑠金」的人，要想自己不爲流言左右，最好的辦法是謹言慎行。如果你是個開朗樂觀的人，就沒必要在這種事情上浪費自己的時間了，因爲你的人生是屬於自己的，跟別人又有什麼關係呢？

5吃虧是苦，意趣要樂

心志要苦；意趣要樂；氣度要宏；言動要謹。

——弘一法師

在代價與吃虧面前，大凡人都困惑不解，心態亂七八糟，在得不到解釋的時候至少是自己不能說服自己的時候，往往就從初衷上找原因，難道是自己的用心錯了？如果在這個時候，修改或否定自己的初衷，在心態上就可能發生災難性的後果，即心態走向變異，許多人的心路都是先善後惡，爲善良而付出了沉重的代價之後，才舉起惡的利劍，換上惡的猙獰。

在職場和生活中，我們常常遇到一些利益上的衝突，或者情感上的傷害。這些利益損害和感情傷害雖然不是很大，用法律上的話說就是「小偷小摸搆不成刑事處分」，可是又搞得你很不爽。忍了吧，那種憤怒、不快的心情在心裡壓抑久了會憋出病來；不忍吧，有些損害你是無力抗爭的，或者就算你有力抗爭，但長此以往，會搞到處處樹敵，給人一個「刺頭」的印象，對自己人生之路沒什麼好處。

其實，說白了，就是：吃這些虧我認了（因為凡是理智的人都知道，為一些蠅頭小利銖錙必較、傷肝傷肺的不合算），但是，如何說服自己呢？

把不快的心情硬壓在心裡當然是可以的，但是時間一長，身體健康怕是要出問題的。

要心甘情願地吃虧，還得從道理上說服自己，解開思想上的疙瘩，主動吃虧，樂意吃虧，心平氣和地吃虧。

首先要有全域觀念。

要清楚自己的定位、自己的角色、自己在流程中處於哪個階段。有了全域觀點，眼光就會開闊，不會因爲自己所處的位置而吃虧感到不平。俗話說，「出頭的椽子先爛」，問題出在椽子身上，因爲出頭的應該是房瓦和屋簷，椽子不應該出頭呀。你看棟樑就不會先爛，因爲它知道自己的角色是負重，不是強出頭。有些時候，某個位置註定就是要被用來犧牲的，如果不滿意，可以想辦法換位置。但如果要在這個位置上，又不甘於這個位置的犧牲，不願意吃些虧，就會攪得整個大局不和諧、不協調，就會發出吵音，整個系統運作就會不正常。

所以，所謂顧全大局，就是要吃虧。這次不吃虧，不顧全大局，「皮之不存，毛將焉附？」下次吃的虧會更大。

其次要換位思考。

俗話說：「將心比心。」一些人，常與別人發生衝突，經常感到自己吃虧，原因就是太自我，考慮問題時都以自己爲中心，以自己的利益爲取捨。

這樣，就常常會覺得別人虧欠她（他）的，就算是她（他）做錯了，也會爲自己找出理由，然後抱怨別人爲什麼不知道這些理由，不能理解她（他），從而感到受委屈。

這種人，主要是因爲人生太順利了，沒有遇到過挫折，然後就覺得全世界應該爲她（他）服務，地球應該繞著她（他）轉。得便宜的時候，她（他）覺得理所當然，吃虧的時候就覺得憤憤不平了。事實上，社會就是叢林，不是你的父母也不是你的家，沒有理由爲你提供蔭庇，也沒有理由一定要理解你，你違反了遊戲規則就要受到懲罰。

如果能夠換位思考，多想想人家的難處，多體諒別人，「如果你在那個位置上，你會怎麼樣做，會做得更好嗎？」多換位思考，就不會總覺得吃虧，總有委屈感。輪到自己吃點小虧的時候，就能心平氣和了。

第三點也是最重要的一點，**就是要從更高的層面考慮問題。**

有這樣一個故事：

鐵路大王安德魯小的時候，人家經常逗他玩，扔給他一分二分的硬幣，他總是撿一分幣，放棄二分幣。

大家都取笑安德魯傻，但他卻悄悄地對好朋友說：「如果我撿二分幣，他們還會扔硬幣給我嗎？」這是一個典型的吃小虧賺大便宜的故事。

圍棋上也有這一招，放棄一個子給對方吃，贏得下子先機和氣勢，把對方的一片子好像包餃子一樣地包圍起來。

更高的一個層次，關乎一個人的形象和品牌。

日本戰國時代，群雄逐鹿，其中信長的氣焰最熾，最有希望統一全國。但他有個致命的弱點，就是太精於計算現實利益，有時到了不講信義、不講道義的程度。

有一次他的一個盟國受到攻擊，他的兵力陷了進去。這時他遇到了兩難問題：繼續支持盟國，就損失兵力；撒手不管地撤兵，就可以保存實力。於是他選擇了後者。

當時作為他屬下的豐臣秀吉就不以為然：選擇後者固然可以保存實力，

不用損失兵力，但在世人的眼裡，就是不守信用、不講信義的行為。從這個戰略層面考慮，以後要統一全國，不知要犧牲多少倍的兵力才能重塑形象，挽回人心。

後來的情形果然如豐臣所料，一到要對方投降或結盟時，人家就會說：「信長家不講信義、不守信用、不厚道、不可靠，不能以身相託付」，結果只能一座座城池、一個個地盤地苦攻苦打，消耗的兵力何至幾倍於前呀！

很多人，人稱「有福氣」、「有貴人相助」。其實就是因爲他的爲人處世能吃虧、願吃虧，得到別人的信任和支持。所以，從做人這個高度來看待吃虧，你就會覺得，每一次吃虧都是一次人緣的投資，都是上天賜予你的機會。

6 及時放下，心無一物

放不下自己是沒有智慧，放不下別人是沒有慈悲。

——聖嚴法師

一個年輕人四處尋找解脫煩惱的秘訣。他走到一處山腳下，在綠草叢中看到一個牧童在那裡悠閒地吹著笛子，十分逍遙自在。

年輕人便上前詢問：「你那麼快活，難道沒有煩惱嗎？」

牧童說：「騎在牛背上，笛子一吹，什麼煩惱也沒有了。」

年輕人借過笛子試了試，煩惱仍在。

他又踏上了尋找的旅途。

有一天他又在山洞中遇見一位面帶笑容的長者，便又向他討教解脫煩惱的秘訣。

老者笑著問道：「有誰捆住你沒有？」

年輕人答道：「沒有啊！」

老者說：「既然沒人捆住你，又何談解脫呢？」

年輕人想了想，恍然大悟，這麼多年來不快樂原因只在於自己把自己束縛住了。

俗話說：「世上本無事，庸人自擾之。」其實很多時候，煩惱都是我們自找的，要想從煩惱的牢籠中解脫，首先要「心無一物」，放下心中的一切雜念。

一切煩惱，歸根到底就是在生活中沒有學會放下，使身心背負著沉重的包袱，因而生活也變得越來越累，越來越辛苦。「智者無爲，愚人自縛」，人通常喜歡給自己的心靈套上枷鎖，精神添加壓力。所以說「放下」，不僅是一種解脫的心態，更是一種清醒的智慧。

高僧淨空法師說：「人要從哪裡放起？從自私自利放起，從怨親平等放起，很重要！如何把我們不喜歡的人、討厭的人，把這個情緒放下。」

他說：放下執著，於世出世間一切法不執著了，放下分別，放下起心動念，惠能大師能夠成佛，就是當下全放下了，起心動念、分別執著同時放下。這種人很少，這叫什麼？頓捨，他沒有次第的，同時一下捨掉。放下就捨掉了，頓捨、頓悟、頓證，一念之間。

老人對他的孩子說：「攥緊你的拳頭，告訴我什麼感覺？」

孩子攥緊拳頭：「有些累！」

老人：「試著再用些力！」

孩子：「更累了！有些憋氣！」

老人：「那你就放開它！」

孩子長出一口氣：「輕鬆多了！」

老人：「當你感到累的時候，你攥得越緊就越累，放了它，就能釋然許多！」

相傳在唐朝時期，唐肅宗為心中的各種煩惱所困，於是拜南陽的慧忠禪師為「國師」，希望他能為自己排憂解難。

有一天，肅宗問禪師：「朕如何才能得到佛法？」

慧忠回答說：「佛在自己心中，他人無法給予！陛下看到殿外空中的那一片白雲了嗎？能不能讓侍衛把它摘下來放在大殿裡？」

肅宗無奈地搖搖頭，又問禪師：「怎樣才能擁有佛的法身？」

慧忠答道：「欲望讓陛下有這樣的想法！不思靜修把生命浪費在這種無意義的空想上，幾十年醉死夢生下來之後，到頭來不過是腐屍與白骸而已，何苦呢？」

肅宗再次問道：「那如何能不煩惱不憂愁呢？」

慧忠回答說：「不煩惱的人，看自己很清楚，即使一心向佛，也決不會自認是清靜佛身，常常審視自己的內心，瞭解自己的真正所求。只有煩惱的人才整日想擺脫煩惱。修行的過程是心地明朗的過程，無法讓別人替代。放棄自身的欲望，放棄一切想得到的東西，陛下就會得到整個世界。」

昨日的輝煌、昔日的苦難、面前的功名利祿都是我們身上沉重的包袱，要知道，人的欲望是沒有止境的，若是至死也看不透欲望，那麼，他一生也擺脫不了煩惱。因爲命運往往在滿足了一個人欲望的同時，又會塞給他一個更大的新的欲望，所以，只有徹底放下名利之心，才能遠離煩惱。

追名逐利的人是勞苦不堪的，同樣，面對許多不幸的時候，我們越是在心裡醞釀就越讓我們感到沉重，這些不幸的情緒既然已經過去，我們爲何不能夠放下它們，把心敞開，迎接新的心情呢？

佛說：「緊握雙手，裡面什麼也沒有；當我們打開雙手，世界就在我們手中。」

第十章

寬恕別人，昇華自我

對於生活中的不同意見，我們應該像水一樣去包容、去改變。水之所以能在不同的環境中存在，就是因為水「不較真」。它沒有自己的形狀，但卻從來不改變自己的本質。

1 佛法宣導的包容精神

專注別人的錯毫無益處，你更該做的是看好自己的過錯。身體只是一種工具，供你用來造善業，並盡你所能地全部還清你所負的舊惡業。

——白隱禪師

寬容的力量是巨大的。批評會讓人不服，謾罵會讓人厭惡，羞辱會讓人惱火，威脅會讓人憤怒，唯有寬容讓人無法躲避、無法退卻、無法阻擋、無法反抗。

禪宗有一則公案。

有位將軍向白隱禪師問道：「真的有天堂和地獄嗎？」

禪師反問：「你是做什麼的？」

問者自得地說：「我是一個大將軍。」

白隱禪師大喝一聲：「是誰有眼無珠請你當將軍？你看來倒像是個屠夫！」將軍聞言怒不可遏，拿起腰間的刀做勢要砍向禪師。

禪師即說：「地獄之門由此開。」將軍驚覺自己失態，即收起嗔怒心，向禪師作禮。

禪師說：「天堂之門由此開。」

藺相如對廉頗傲慢無禮的寬容忍讓，最終感化了廉頗，使之自願負荊請罪，留下了千古美談將相和，使趙國雖小而無人敢犯。

同樣，鄰里間的團結和睦需要寬容，夫妻間的白頭偕老離不開寬容，一個健康文明進步的社會處處離不開寬容。假如沒有了寬容，則國與國之間會兵戎相見，人與人之間會拳腳相加，社會將因此變得黯然。

所以說，在現代社會，寬容是必須修煉的一門人脈課。

首先，學會寬容，就學會了做人的責任。「相逢一笑泯恩仇」是寬容的最高境界，但能做到的人並不多。即使如此，我們也不應放棄這種追求。因爲忘卻別人的過失，以寬容的心態對人，以寬闊的胸懷回報社會，是一種利人利已、有益社會的良性循環。屠格涅夫曾說：「不會寬容別人的人，不配受到別人的寬容。」所以，當你寬容了別人，在自已有過失或錯誤的時候，也往往能得到他人的寬容。

「雖然我不同意你的觀點，但我誓死捍衛你說話的權利。」這是法國啓蒙思想家伏爾泰的一句吶喊，這體現了一種對「異見」的胸懷，是一種高層次的包容。

其次，要做到合作和良性競爭，寬容是最基本的要求。人和人對事物的理解總會有些不同，所以一定會遇到不同意見。如果不能寬容對待別人的異議，將寸步難行；相反，能夠相互尊重、相互包容、求同存異、真誠相對，就會擁有良好的人際關係。

有個人非常不善於和人打交道，經常與人發生口角。

後來，他向一位大師請教：「我總是容易和別人發生矛盾，因為他們總是拿出一些我不能接受的意見，您說我該怎麼辦？」

大師想了一會兒，說：「你說水是什麼形狀的？」

此人見大師「詞不達意」，茫然地搖頭說：「水哪有形狀？」

大師笑著說：「我把水倒進一隻杯子，水難道還沒有形狀嗎？」

這人似有所悟，說：「我知道了，水的形狀像杯子。」

大師又說：「如果我把水倒進花瓶呢？」

這人很快又說：「哦，這水的形狀像花瓶。」

大師搖頭，又把水倒入一個裝滿泥土的盆中。水很快就滲入土中，消失不見了。這人陷入了沉思。

這時，大師感慨地說：「看，水就這麼消逝了，這就是人的一生。」

那個人沉思良久，忽然站起來，高興地說：「我知道了，您是想通過水告訴我，我們身邊的人就是不同的容器，想與他們相處得好，就要把自己變成可以倒入各種容器中的水。是不是這個道理？」

大師微笑著說：「你現在已經有所得，但還不完全正確。」看著重新陷入迷思的信徒，大師接著說：「水井裡的水，河裡的水，海裡的水，它們雖然有不同的形態，可是它們卻都是水。」

這個人恍然大悟：「人其實也應該像這水一樣，能夠順應和包容外界的變化，但是卻永遠不改自己的本色。」大師笑著點了點頭。

對於那些生活中的不同意見，應該像水一樣去包容、去改變。水能在不同環境中存在，就是因爲水「不較真」。它沒有自己的形狀，但卻從來不改變自己的本質。道家也推崇水的意義，他們說「水善利萬物而不爭」，其實也在讚歎水的寬容。

星雲大師說：「不論是學佛還是處世，包容的智慧都彌足珍貴。」真正的佛法，對於世間的一切都是恭敬的，這是佛法的精神。所以，即使不信佛法，也應該學會佛法宣導的包容精神。

2得理也要讓三分

度量，如海涵春育。持身，如玉潔冰清。襟懷，如光風霽月。氣概，如喬岳泰山。

——弘一法師

好勝心和自尊心人人都有，但在人際交往中，對一些非原則性問題根本沒有必要計較。可有些人卻不這樣想，總是對一些皮毛問題爭得不亦樂乎，非得說上點兒什麼，誰也不肯甘拜下風，說著就較起勁來，以至於非得決一雌雄才肯甘休，結果大打出手，或者鬧得不歡而散。此時若能給朋友一個臺階，滿足一下他的自尊心和好勝心，不但可以使友情得以加深，還能顯示出你的胸襟之坦蕩、修養之深厚，以及綽約柔順的君子風度。

有不少衝突都是由於一方或雙方糾纏不清或得理不讓人，一定要小事大鬧，爭個勝負，結果矛盾越鬧越大，事情越搞越僵。爲人處事時，最好得理也要讓三分，用寬容之心待人。

人生活在這個大千世界中，需要處理好人與人之間的關係，更需要與朋友友好地相處。如何才能做到這一點？通俗地說，必須用一顆善良的心來對待一切，時時檢點自己，也就是要嚴以律己；同時，對人要寬容，得饒人處且饒人，也就是寬以待人。

一個人的成功很大程度體現在事業的成功上，而事業的成功則一半取決於人際關係的成功。在複雜的社交場合裡，表現得太激烈，容易惹來麻煩；表現得太柔弱，又無法使自己佔有一席之地。聰明的人要運用社交手腕得到好人緣，而要得到別人的肯定，就要學會如何與他人「以和爲貴」地相處。

這裡提到的「和」字，不失爲一種處世的根本原則。釋放自己，原諒別人，就是善待自己；寬恕別人的過失，就是自己的榮耀。最幸福的人生，就是能寬容與悲憫一切眾生的人生。只有寬恕，才能得到真正的自由。和婉的語氣，使人感激；心存寬恕之心，才能令人懷念。所以，理直要氣「和」，得理也要饒人。

社會生活無論多麼複雜，說到底都是由人際交往組成的。它猶如一張網，每個人都是這張網上的一個結。不論自覺不自覺、願意不願意，人每時每刻都要處理各種各樣的人際關係。給別人留一些餘地，自己將得到一片藍天；給別人留一條後路，自己才會有寬闊的前途。與人方便，與己方便，這是一種氣度，更是一種做人處世的藝術。

歲月總會留給記憶一些東西，很多不關注的事物會隨著歲月的流逝而慢慢淡出我們的視線。很多時候，爭強好勝未必是好的處世態度，有些事情不必非要弄個水落石出。

世界並非只有黑白是非之分，現實是多樣化的，必須去適應，而不是等待它變化。委屈、忍讓，是必須經歷的，也幾乎是人人都經歷過的。從最初的張揚、心直口快、好勝，漸漸過渡到明白這些所謂的性格並不能適應這個現實的世界。有時候，對了不必炫耀，錯了也不必沮喪，心知肚明即可。計較除了增加心中的諸多不快之外，什麼好處也沒有。

人生最大的禮物是寬容。寬容是剔除了心中的私欲和雜念後的淡泊明志，是推己及人、以德報怨。寬容體現了人類超凡的愛心，沒有愛心，談不上寬容。試想一下，一個對世界漠然、對生活失望、對他人冷酷、斤斤計較、易怒、易恨、易嫉妒的人，怎能做到寬容呢？

清朝時期曾有這樣一個故事：

有兩個山東人是鄰居，卻因相鄰的一尺宅基地打了八年的官司。這兩家都要蓋房子，其中一家先蓋，後蓋的這一家就說對方占了他家一尺寬的宅基地，於是兩家爭執不休，最後鬧得對簿公堂。因為地畝的帳冊不清，兩家一口氣打了八年的官司。這兩家在開始的時候都十分富裕，之後卻弄得是兩敗俱傷、負債累累。

後來其中一家人聽說自家有一表親在京城做了大官，心想：這下好了，找到這個靠山，我們的官司就贏定了！於是就叫僕人去京城送信。

這個大官看了書信後，沉思良久，寫了一封回信——「鄰里本比遠家親，一尺宅基生紛紜；待人以寬原是福，和睦相處笑勝金；方寸之牆起禍殃，讓他三尺又何妨？萬里長城今猶在，不見當年秦始皇！」

這個大官原是懂得情理之人。兩家後來傳看了這封信，最終哈哈一笑，握手言歡。

這就是寬容的力量。寬容是一種高貴崇高的境界，是精神上的成熟、心靈上的豐盈。

當然，寬容更是一種生存的智慧、生活的藝術，是看透了社會、人生之後所獲得的那份從容、自信和超然。隨著經濟社會的快速發展，人們的生活節奏在不斷加快，工作壓力也在不斷加大。如果人人都能多一點誠懇，多一份寬容，就會多一份理解，多一份真善，生活中的酸甜苦辣也將化作五彩樂章。

3以德報怨，唯有修心方是福

佛法根據因果循環之理，視一切平等，你打我罵我，可消我宿業；我貧苦病厄，可生菩提。

——鳥巢法師

「佛說原來怨是親」，縱使別人怨恨我們，我們都要拿他當自己的親人，都要感謝他。爲什麼呢？因爲沒有他人製造的「磨難」，我們的心就無從提高。

一位老人，為了讓兒子們多一些人生歷練，便對他的三個兒子說：「你們三人出門去，三個月後回來，把旅途中最得意的一件事告訴我。我要看你們中哪一個所做的事最讓人敬佩。」之後，三個兒子就動身出發了。

三個月以後，三個兒子回來了，老人就問他們每人所做的最得意的事。

長子說：「有個人把一袋珠寶存放在我這裡，他並不知道有多少顆寶石，假如我拿他幾顆，他也不知道。等到後來他向我要時，我原封不動地歸還給了他。」

老人聽了之後說：「這是你應該做的事，若是你暗中拿他幾顆，你豈不變成了卑鄙的人？」長子聽了，覺得這話不錯，便退了下去。

次子接著說：「有一天我看見一個小孩落入水裡，我救他出來，他的家人要送我厚禮，我沒有接受。」

老人說：「這也是你應該做的事，如果你見死不救，你心裡怎能無愧？」次子聽了，也沒話說。

最小的兒子說：「有一天我看見一個病人昏倒在危險的山路上，一個翻身就可能摔死。我走上前一看，竟然是我的宿敵，過去我幾次想報復，都沒有機會。這回我要制他於死地可以說是不費吹灰之力，但是我不願意暗地裡害他，我把他叫醒，並且送他回了家。」

老人不等他說完，就十分讚賞地說道：「你的兩個哥哥做的都是符合良心的事，不過你所做的是以德報怨的事，實在是難得。」

做該做的事，僅僅是不昧良心，但做到原來不易做到的事，卻顯出心胸的寬廣仁厚。常人要想成就一番事業，都得經過九九八十一難，更何況我們追求心靈修行呢？你若能悟，就能把加害、誹謗你的人當作親人。

學會寬恕別人的過錯，就是學會善待自己。仇恨只能永遠讓你的心靈生活在黑暗之中；而寬恕卻能讓你的心靈獲得自由，獲得解放。寬恕別人的過錯，可以讓你的生活更輕鬆愉快。

佛經中有句話說：「佛印的心寬遍法界，即心即佛。」這句話是號召僧眾要懂得寬恕，這樣才能具有佛心，求得佛果。關於寬恕，有位作家說：「當一隻腳踏在紫羅蘭的花瓣上時，它卻將香味留在了那隻腳上。」

當你的心靈為自己選擇了寬恕別人過錯的時候，你便獲得了一定的自由。因為你已經放下了責怪和怨恨的包袱，無論是面對朋友還是仇人，你都能夠報以甜美的微笑。佛法中常講究緣分，在眾生當中，兩個人能夠相遇、相識，那便是緣分。當你因為仇恨而與別人相識，不可否認的是，在你的心裡已經牢牢記住了對方的名字，如果你因為整天想著如何去報復對方而心事重重，內心極端壓抑，那麼倒不如放下仇恨，寬恕對方。或許，因此你可以多一個可以談心的好朋友。

再恨的人，如果有一天找回自己的本心，踏上修行之路，所做的一切壞事，都會如同褲腳上的泥土一樣，抖一抖就全掉了。如果真的能為自己的過錯付出足夠代價，又有什麼可以責怪他的呢？以德報怨，充滿愛的精神，我們才能找到心靈的家園。

4 常湧慈悲心，視萬物與我一體

自古仁人志士，以儒濟世、以道修身、以佛治心，可謂是智慧通達。

——弘一法師

佛說：信佛，學佛，不是爲自己，乃是爲了一切苦海中的眾生。

弘一法師在談到他對佛的理解時曾說：「最壞的人，也曾做過許多好事，而且不會永遠壞；好人也曾做過許多壞事，將來也不一定會一直好。如此我們反覆思索，所謂的冤親、賢愚，這許多差別的概念，自然就會漸漸淡了。這絕對不是混沌，也不是不知好壞，而是要將我們有史以來的偏私差別之見，以一視同仁的平等觀念罷了！」

盤矽禪師是一位得道的高僧，很多誤入迷途的人都因他的感化而獲得新生。

他的一個學生有偷竊的壞毛病，禪師多次教誨，學生都沒當回事。後來因為行竊被人抓住，面對找上門來的失主，禪師的眾學生感到羞愧難當，紛紛要求禪師嚴懲那個學生。但是盤矽用自己的寬厚仁慈之心原諒了那個學生。

可是沒過多久，那個學生竟然又因為偷竊而被抓住，眾學生覺得忍無可忍，為了寺院的名聲，他們一致認為要把那個偷竊的學生趕出去。於是眾人聯名上書，表示如果再不處罰這個人，他們就集體離開。

盤矽看了他們的聯名上書，把他的學生都叫到跟前來說：「你們都能夠明辨是非，這是我感到欣慰的。你們是我的學生，如果你們認為我教得不對，可以去別的地方，但是我不能不管他，因為他還不能明辨是非。如果我不教他，誰教他呢？所以，不管怎麼樣，即使你們都離開我了，我也不能讓他離開，因為他需要我的教誨！」

眾學生聽後，心中的不滿不知不覺間消散了，他們的心中對禪師更加尊敬，而那個偷竊者早已感動得熱淚盈眶。

佛曰：放下屠刀，可以立地成佛。善惡只在一念之間。從本性上看，每個人都是一樣的！

有一次，弘一法師到他之前的學生豐子愷家中做客，豐子愷忙請他在一把籐椅上就坐。

他卻先把籐椅輕輕地搖動了幾下，然後才慢慢地坐下去。豐子愷感到十分不解，卻也不好意思多問。

可從那以後，法師每次坐下來之前都要重複相同的動作，都是先輕輕搖動幾下籐椅之後才肯坐。豐子愷便忍不住問法師為什麼要這樣，法師回答說：「這椅子裡頭，兩根藤之間，也許有小蟲伏著，突然坐下去，會把牠們壓死，所以先搖動兩下，再慢慢地坐下去，好讓牠們避走。」

弘一法師在離世前四個月，就已謝絕醫藥，有條不紊地交代後事，還特意向妙蓮交代了幾件事，其中一件是叮囑身體火化時，在周圍四角放四隻裝滿水的小碗，以免螞蟻爬進去被焚化……

弘一法師也曾說過：「畜生亦有母子情，犬知護兒牛舐犢，雞爲守雛身不離，鱔因愛子常惴縮。人貪滋味美口腹，何苦拆開他眷屬，畜生哀痛盡如人，只差有淚不能哭。」

佛家典籍《寶鬘論》中說：「每日三時施，三百罐飲食，然不及須臾，修慈福一分。天人皆慈愛，彼等恒守護，喜樂多安樂，毒刀不能害。」

有一位得道的禪師在外雲遊。一天，他在山上林下打坐，忽然一隻受傷的野兔逃到禪師座前，和尚便以衣袖掩護著這隻死裡逃生的小生命。

不一會兒，一個壯士氣喘吁吁地跑來向禪師索討野兔：「請將我射中的野兔還給我！」

和尚帶著耐性，無限慈悲地開導那個壯士：「牠也是一條生命，放過牠吧！」

壯士說：「你要知道，那隻野兔可以當我的一盤菜呢！」

無論和尚怎樣勸解，壯士始終不依不饒地和他糾纏。和尚沒有辦法，拿起身旁的戒刀，把自己的耳朵割下來，送給貪婪的壯士，並且說：「這兩隻耳朵，夠不夠抵你的野兔，你可以拿去做一盤菜了。」

壯士嚇了一大跳，終於覺悟到殺害生靈是件殘忍的事情。

玄素是唐代的一個得道高僧，有一次，一個惡貫滿盈的屠夫心血來潮，他效仿別人想要供請玄素。人們都認為玄素肯定不會去，但是玄素毫不猶豫地去了。人們對此很不解，就向他詢問緣由。

玄素回答說：「佛性平等，賢愚一致，可度者，我即度之，有何差別。」

「心懷天下蒼生，時時克制世間名、利、情的襲擾，用堅韌不拔的毅力，勤奮精進追求真理，修得的無窮的智慧，以慈悲善良的胸懷普度眾生，引導大家脫離人生為名利無休止爭鬥的苦海……」這就是佛的境界。

學佛修行之可貴，在於常湧慈悲心，視萬物與我一體，同體大慈力，同懷大悲心，即使在境界現前時，亦能超脫凡情、俗念，拂逆困厄，而不變道心。如果人人都有一顆慈悲心，這個世界會越來越溫暖，處處充滿愛和友善。因此，我們都應該有一顆慈悲為懷、與人為善的佛心。

5不念舊惡

只看到別人的過失，不審察自己的過失，是我們最大的無明習氣。戒是戒自己，求懺悔即是戒。

——鳥巢禪師

君子應該有很好的氣度，擁有高尚的品德，他不會責難別人微小的過錯，不會揭發別人的隱私秘密，不會銘記別人過去的錯誤。這三種做法都可以培養一個人的品德，也可以使人遠離危害。

南懷瑾先生認爲，不念舊惡，即是包容別人，同時也可以感化他人。如果每個人都可以做到這樣，那麼，這個世界就會多出幾分仁愛，而少去許多的怨恨。

子曰：伯夷、叔齊不念舊惡，怨是用希。

孔子說：「伯夷、叔齊兩個人從來不記別人過去的罪惡，因此別人對他們的怨恨自然也就少了。」孔子一向都非常讚揚他們的高尙品格，對他們這種不念舊惡的博大胸懷更是倍加推崇。

在漢末三國的宛城之戰中，張繡投降曹操後，又乘著曹操不備，伺機發難，殺了曹操的長子曹昂、侄子曹安民和愛將典韋，就連曹操自己的左臂也被張繡的士兵亂箭射傷，險些死於亂軍之中。這可算是曹操戎馬生涯中少有的幾次險境之一。兩人之間的仇怨不可謂不深。

後來，張繡為躲避袁紹的報復，又再次向曹操投降時，曹操非常熱情地迎接他。曹操的一個部下進言道：「張繡與您有大仇，為什麼不殺了他呢？」曹操卻說：「張繡當初之所以能使我損子折將，那是因為他有本事，是個人才。」因而不僅既往不咎，未報殺子之仇，而且還與張繡結成了兒女親家，並封張繡為揚武將軍。

就曹操的人品而言，史書上眾說紛紜，不過無論哪家的學說，都沒有把他標榜爲一個坦蕩君子。劉備、孫權、曹操，漢末三國的三位君主中，曹操是被人詬病最多的，但魏國卻比蜀、吳兩國更加強大，這當中曹操那不念舊惡的品格無疑幫了他大忙。事實證明，曹操是正確的，後來張繡在官渡之戰中立下戰功，爲曹操統一北方奠定了基礎。

人是要有點「不念舊惡」的精神，況且在人與人之間，在許多情況下，人們誤以爲「惡」的，又未必就真的是什麼「惡」。退一步說，即使是「惡」吧，只要對方心存歉意，誠惶誠恐，你不念惡，禮義相待，進而對他格外地表示親近，也會使爲「惡」者感念你誠，改「惡」從善。

唐朝的李靖曾任隋煬帝時的郡丞，最早發現李淵有圖謀天下之意，便向隋煬帝檢舉揭發。李淵滅隋後要殺李靖，李世民反對報復，再三請求保他一命。後來，李靖馳騁疆場，征戰不疲，安邦定國，為唐王朝立下赫赫戰功。魏徵也曾鼓動太子建成殺掉李世民，李世民同樣不計舊怨，量才重用，使魏徵覺得「喜逢知己之主，竭其力用」，也為唐王朝立下豐功。

宋代的王安石對蘇東坡的態度，應當說，也是有那麼一點「惡」行的。他當宰相時，因為蘇東坡與他政見不同，便藉故將蘇東坡降職減薪，貶官到了黃州，搞得他好不淒慘。然而，蘇東坡胸懷大度，根本不把這事放在心上，更不念舊惡。王安石從宰相位子上垮臺後，兩人的關係反倒好了起來。

蘇東坡不斷寫信給隱居金陵的王安石，或共敘友情，互相勉勵，或討論學問，十分投機。蘇東坡由黃州調往汝州時，還特意到南京看望王安石，受到了熱情接待，二人結伴同遊，促膝談心。

臨別時，王安石囑咐蘇東坡：將來告退時，要來金陵買一處田宅，好與他永做睦鄰。蘇東坡也滿懷深情地感慨說：「勸我試求三畝田，從公已覺十年遲。」二人一掃嫌隙，成了知心好朋友。

相傳唐朝宰相陸贄，有職有權時曾偏聽偏信，認爲太常博士李吉甫結夥營私，便把他貶到明州做長史。不久，陸贄被罷相，被貶到了明州附近的忠州當別駕。後任的宰相明知李、陸有這點私怨，便玩弄權術，特意提拔李吉甫爲忠州刺史，讓他去當陸贄的頂頭上司，意在借刀殺人，通過李吉甫之手把陸贄幹掉。不想李吉甫不記舊怨，上任伊始，便特意與陸贄飲酒結歡，使那位現任宰相的借刀殺人之計成了泡影。對此，陸贄自然深受感動，他便積極出謀劃策，協助李吉甫把忠州治理得一天比一天好。李吉甫不搞報復，寬待別人，也幫助了自己。

最難得的是將心比心，誰沒有過錯呢？當我們有對不起別人的地方時，是多麼渴望得到對方的諒解啊！是多麼希望對方把這段不愉快的往事忘記啊！我們爲什麼不能用如此寬厚的理解開脫他人呢？

古往今來，不計前嫌、化敵爲友的佳話舉不勝舉。以古爲鑒可以讓我們明白事理、明辨是非、把握前途。

6 浮生若夢，何須計較

昨夜得一夢，夢中一團空，朝來擬說夢，舉頭又見空，
為當空是夢，為復夢是空，相計浮生裡，還同一夢中。
——寒山大師

國學大師季羨林曾經說過：「現在我們中國人的容忍水準，看了真讓人氣短。在公共汽車上，擠擠碰碰是常見的現象。如果碰了或者踩了別人，連忙說一聲：『對不起！』就能夠化干戈爲玉帛，然而有不少人連『對不起』都不會說了。於是就相吵相罵，甚至於扭打，甚至打得頭破血流。」

不計較的包容心態對於每個人來說都非常重要，相信季羨林先生說的例子大家都遇見過，我們可以仔細想想人生究竟有什麼好計較的，生命的旅程就像是一場夢，所有的榮耀、光輝、金錢、地位等等所有的一切都將煙消雲散，我們能確確實實享受

的，能把握的唯有自己的心情。吃了虧，遭了難，愁眉苦臉絲毫沒有用處，大發雷霆也無濟於事，最好的辦法就是淡然一笑，不去計較。

春秋時期的秦穆公，有一次他的一匹愛馬跑到了岐山腳下，結果被村民殺了吃馬肉，官差知道後便把老百姓都抓了起來，準備嚴懲。秦穆公卻說：「一個真正的君子絕不會為一匹馬去殺人的。」他不但原諒了村民，還送好酒給他們喝，說：「吃好的馬肉，必須喝上等的酒。」村民們為此都很感激他。

任何事情的「多少」不是數量上能絕對計算得清楚的，要用道德、心量和人情義理，從不比較、不計較裡面，才能圓滿解決。

唐朝開元年間，有位夢窗禪師，他得高望重，並且還做了本朝的國師。有一次，他搭船渡河，渡船剛要離開岸，遠處來了一位騎馬佩刀的將軍，大聲喊道：「等一等，等一等，載我過去。」

船上的人紛紛說道：「船已經開了，不能回頭了，乾脆讓他等下一趟吧。」

轉。

船夫也大聲喊道：「請等下一趟吧。」將軍非常失望，急得在岸邊團團轉。

這時，坐在船頭的夢窗禪師對船夫說道：「船家，這船離岸還沒有多遠，你就行個方便，掉過船頭載他過河吧。」

船家一看，是位氣度不凡的出家師傅開口求情，就把船開了回去，讓那位將軍上了船。

將軍上了船後，就四處尋找座位，無奈座位已滿。

這時，他看到了坐在船頭的夢窗禪師，於是拿起鞭子就打，嘴裡還粗野地罵道：「老和尚，快走開。沒看見本大爺上船了嗎？快把座位讓給我。」沒想到，這一鞭子正好打在夢窗禪師的頭上，鮮血順著他的臉頰涓涓地流了下來。

禪師一言不發，把座位讓給了那位將軍。

看到這一切，大家心裡既害怕將軍的蠻橫，又為禪師抱不平，人們紛紛竊語。從大家的議論聲中，將軍明白了一切。他心裡非常慚愧，懊惱不已，但身為將軍，他又不好意思認錯。

不一會，船到了對岸，大家都下了船。夢窗禪師默默地走到了水邊，洗掉了臉上的血污。此時，那位將軍再也忍受不住了，他走上前，跪在禪師面前，懺悔道：「禪師，我真對不起您。」

誰知，夢窗禪師不僅沒有生氣，反而心平氣和地說：「不要緊，出門在外，難免心情不好。」

古人說：「人非聖賢，孰能無過；過而能改，善莫大焉。」對於犯過錯誤有意悔過的人，我們不必太過苛責，給他一個改過自新的機會，也不失爲一件善事。當我們的心靈選擇了寬恕、選擇了不計較的時候，我們便獲得了應有的自由，因爲我們已經放手讓煩惱離開。

佛教的高僧寒山大師，他對人生有獨特的看法，他說：「昨夜得一夢，夢中一團空，朝來擬說夢，舉頭又見空，爲當空是夢，爲復夢是空，相計浮生裡，還同一夢中。」當然，我們並不是提倡「人生如夢」的消極色彩，但是，既然很多人都說人生如夢，那麼既然是夢，也就代表著夢裡的一切都是虛幻的，那麼爲什麼還有很多人要苦苦追求，斤斤計較呢？

佛說：「不懷恨，不怨尤，就會少煩少惱，不計較，不比較，必然多助多緣。」學會不計較，我們的生活將會輕鬆許多。

第十一章

快樂的真諦

要得到幸福與快樂，其實很簡單。
少一些欲望與雜念，多一份淡泊與從容，
人生就會變得亮麗起來。

1 放低幸福的底線

不快樂是所有疾病的唯一根源，而豁達則是一切疾病的唯一治療方法。

——趙朴初

幸福其實很簡單，構成它的要素，不是宏大的願望，也不是紛繁的生活，而是每天發生在生活中的一些小事。只希望平淡安適的生活；只希望父母都健康快樂，住得很近，天天見面；只希望有個可緊握彼此雙手，一生相隨的人。

天下本沒有持久的幸福，如果說幸福也有一定的形狀，那它絕對不會是一根玻璃棒，而是一條珠鏈，由大大小小的瞬間的快樂連接而成——每一顆珠子都很簡單，但也很重要。因此，追求幸福，首先就要從簡單做起。

那麼，幸福都有些什麼樣的條件呢？我們先來看看下面這個小故事吧！

在兒子上小學二年級時，老師佈置了一項作業，要他們當小記者採訪爸爸。共有六個問題，有一大半是資料性的：在哪裡工作？負責哪一方面的事？等等，其中的第五題是：「爸爸的夢想是什麼？怎麼實現？」

爸爸說：「我有三個願望，第一個願望是吃得下飯；第二個願望是睡得著覺；第三個願望是笑得出來。」

兒子看了看爸爸，說：「別人的爸爸都有著偉大的願望，做科學家、太空人什麼的。你這願望，存心就是害小孩。」

爸爸說：「要不然你照我的話寫完之後，再寫一篇《我眼中的爸爸》附在後面讓老師瞭解這不是你隨便寫的，而是你爸爸的本性就是如此。」

兒子覺得有道理，於是很快地寫了一篇沒分段的作文。

第二天，爸爸問兒子，老師怎麼說？

兒子撓了撓頭，有點不好意思地說：「老師上課時叫我到前面，說我的訪問和作文寫得非常好，給我九十八分，是全班最高的，比班上的模範生還高，還把我的作文念給全班聽。」

「那她有沒有說為什麼？」

老師說：「我先生的工作最近不太順利，已經有好幾天睡不著覺，也只吃得下一點東西。你爸爸的三個願望很有意思。」

幸福沒有多高的條件，吃得下飯、睡得著覺、笑得出來的人，就是幸福的。

放低幸福的底線，人們就會發現，幸福不是完美或永恆，它只是內心對生命流轉的感受和領悟；幸福很簡單，它不僅留存於他人給自己的關愛與恩惠中，同樣也積存在我們自己的愛心與真誠裡；幸福很簡單，簡單得在它來到我們身邊的時候，或許我們根本沒有察覺。

要得到幸福與快樂，其實很簡單。少一些欲望與雜念，多一份淡泊與從容，人生就會變得亮麗起來。

生活簡單就是幸福，不意味著我們放棄了對目標的追逐，而是在忙碌中的停歇，是身心的恢復和調整，是下一步衝刺的前奏，是以飽滿的熱情和旺盛的精力去投入新的「戰鬥」的一個「驛站」；生活簡單就是幸福，並不意味著我們放棄了對生活的熱愛，而是於點點滴滴中去積累人生，在平平淡淡中去尋求充實和快樂。

放下沉重的負累，敞開明麗的心扉，去過好你的每一天。問問自己，你吃得下飯麼？睡得著覺麼？笑得出來麼？如果你吃得下飯、睡得著覺、笑得出來，那你還有什麼好悲傷的呢？適當降低幸福的底線，牢記幸福這三個簡單的條件，相信幸福生活一定會屬於你。

2 知足者常樂

假如你想擁有本不該屬於你自己的東西，那麼，你一定會連自己原本有的都喪失掉。不知足的人，會失去你一生所有的幸福。只要你知足，就沒有什麼境界可以難倒你了。

——星雲大師

一隻小小的鳥，在森林裡面，牠能築巢的也只有一根樹枝；鼴鼠飲水，一條湯湯大河，一個小鼴鼠能喝多少啊，果腹而已。

這言外之意呢，人生有涯，不管你擁有多少，一輩子，你能吃多少飯，能住多大的房子？有時候淡泊為大，就是這樣的一種寧靜致遠，這樣的一種淡泊心智，照樣是一種偉大的情懷。也就是說，人看清自己的目的，看清自己的方向，看清眼前的權衡，這是不容易的。天地有大美而不言，四時有明法而不議，萬物有成理而不說。聖人者，原天地之美而達萬物之理。氣球再大，裡面也是空的，風箏再美，也不可能飛得比鷹高。

傳統相聲《窩頭論》是一代宗師張壽臣先生的作品，大概成型於二十世紀三四十年代，即日偽統治時期。作品展現了那個年代人們的生活狀況。那時候人們的生活過得十分清貧，大家住的是小胡同、大雜院，吃的是窩窩頭、大白菜。但他們對生活的要求並不高，只要有窩頭吃，就感覺很不錯了。在等級森嚴的社會中，許多人奔波忙碌一生，連個安身的地方都沒有。在吃不飽、穿不暖的情況下，因為懂得知足，所以一個窩窩頭也能讓他們快樂。

在一些特殊的環境中，很多東西由不得我們自己，所以聰明的人這個時候都會變得很知足，他們知道只有知足才能夠讓自己擁有一個良好的心境，幫自己渡過難關。

一天早上，小和尚發現師父有六個饅頭，大師兄也有六個饅頭，只有他自己是四個饅頭。小和尚覺得這太不公平了。師父有六個饅頭，他沒意見，可大師兄也有六個饅頭，不是跟師父平起平坐了嗎？不行，不行！

於是小和尚找到師父，也要六個饅頭。

師父說：「你能吃下六個饅頭嗎？」

小和尚大聲說：「能！我要六個饅頭！」

師父看了看小和尚，把自己的饅頭拿了兩個給小和尚。不久，小和尚就將六個饅頭吃完了，他吃得很飽很飽。

小和尚拍著肚子高興地對師父說：「師父，你看，六個饅頭我都吃下去了。我能吃六個饅頭，以後每天早上我都要像大師兄一樣要六個饅頭！」

師父微笑地著看小和尚說：「你是吃下去了六個饅頭，但明天你要不要六個饅頭，還是等會兒再說吧！」

小和尚覺得肚子脹，也口渴，然後就去喝了半碗水。接著，小和尚的肚子比剛才更脹了，而且有點發痛，小和尚開始難受起來，根本沒法像平時那樣挑水、掃地、念經。

這時，師父對小和尚說：「平時你吃四個饅頭，今天你卻吃了六個饅頭，你多得到了兩個，可是你卻並沒有享受到這兩個饅頭的好處，相反，它們給你帶來了痛苦。得到不一定就是享受。不要把眼光盯著別人，不要與人比，不貪，不求，自然知足，自然常樂。」

小和尚點點頭，捂著肚子，說：「師父，以後，我還是吃四個饅頭！」

有一個天使，送信的時候在人間睡著了。醒來後，他發現翅膀被偷走了。沒有翅膀的天使，能力比普通人還要小。他又冷又餓，來到一家門口。

「我是天使，請把門打開。」

這家人打開門，看天使被雨淋了，問：「你給我們帶來了什麼禮物？」

天使回答：「我的翅膀丟了，回不到天堂去，沒有禮物。」

「沒有翅膀和禮物的天使不算天使！」這家人把門關上了。

他敲第二家、第三家的門，都遭到拒絕。

天使對牧羊人述說了自己的遭遇。

牧羊人說：「你即使不是天使，我也會給你一頓飯吃的。如果你沒有別的事做，就留下和我一起牧羊吧。」

天使在人間的確不會什麼手藝，便和牧羊人一起牧羊。

天使每天梳理一些羊毛留下，日積月累，他為自己織了一雙羊毛的翅膀，在牧羊人目瞪口呆地注視下飛走了。

過了幾天，天使來答謝牧羊人，問他要什麼。

牧羊人說：「讓我增加一百隻羊吧。」

羊群增加了一百隻，牧羊人比過去更累了。他找到天使，請他把羊收回去，為自己蓋一所大房子。

牧羊人在大房子裡住著，發現到處是灰塵，打掃不過來。他用房子換了一匹馬。牧羊人騎在馬背上，但不知要到什麼地方去，就把馬還給了天使。

天使問：「你還要什麼？」

牧羊人回答：「我什麼也不要了。」

天使說：「人從來都有很多願望，你難道沒有嗎？」

牧羊人回答：「願望實現之後，我才知道我不需要這些東西，它成了我的累贅。」

天使說：「我送你一樣無價之寶，那就是性格。你想什麼樣的性格？」

牧羊人說：「我已經有了這樣的性格，那就是知足。」

「知足常樂」看似簡單，卻讓我們懂得，珍惜眼前，立足現在。讓我們從現在起，多看看四周，常仰望一下高遠的天空，太陽每天依然升起，地球無時無刻轉個不停。世界並沒有你想像中的繁雜與鬱悶。

古語有云：知足者常樂。知足的人，他的人生必定是快樂的，而那些想要得到更多，不懂得知足的人，卻往往很容易陷入悲觀的情緒中而無法自拔。可以這麼說，知足是一種生活的智慧，常樂是一種生活的境界。

3 學會刪繁就簡

美麗的衣服必須用錢買，一顆懂得萬物皆美的心卻是不分貧富，人人皆可擁有的。

——星雲大師

生命是一個有趣的過程，當還是孩子的時候，就盼望著馬上長大，而當即將老去的時候，卻又想回歸童年，如此這般，可以簡約地概括爲：簡單——複雜——簡單。孩子的世界是單純的，成年人的生活是複雜的，而老人們的生活卻又是簡單的。

人活一輩子，其實沒必要把自己的生命搞得很複雜，每天都被一些事情折磨得寢食難安。很多時候，複雜的生活，反而對自己的事業及人生有著不良的影響。那些過簡單生活，專注於一件事的人，卻往往得到的更多。生命中，有些東西雖然看上去似乎很好，但實際上並不適合你，因此，幸福生活，需要懂得取捨。

約瑟夫・熊彼特是二十世紀全球最負盛名的經濟學家，青年時代的他一心想成爲全歐洲最有名的騎士、最令人羨慕的戀人和最優秀的經濟學專家。後來，隨著時間的推移，熊彼特發現，這三個目標要全部完成幾乎是不可能的，即使是完成了，那也將會把自己搞得焦頭爛額，毫無幸福可言。於是，他放棄了前面兩個願望，專心研究經濟學，終於在經濟學方面取得了巨大的成就。

魚和熊掌不可兼得，有限的生命旅程，要想有所成就，同時還要過得快樂幸福，就必須要學會刪繁就簡。給自己列出一張生命的清單，把人生最重要的目標一項項地列出來，並一一地去實現它們；人生的真諦就在於輕裝前行，生命應該回歸簡單。

回望歷史長河，因爲沒有目標最終一事無成者固然很多，但因爲目標過多，事事都力求完美，而致「出師未捷身先死，長使英雄淚滿襟」的憾事也不少。這種人雖然有著較強的能力，但因爲心氣過高，恨不得自己在每個領域內都有所成就，結果，由於超出了自己的能力極限，不僅力不從心，諸事不順，還有可能因透支健康而折壽。

英年早逝的畫家、導演陳逸飛，最後累倒在了《理髮師》這部影片的拍攝現場，其敬業精神固然可嘉，但是卻不值得爲他人效仿。有人這樣評價他：「生性好強、過於追求完美的陳先生繃緊了生命之弦與自己較勁，同時朝多個領域出擊，連上醫院的時間都捨不得拿出來，最後，影視界多了一部可有可無的《理髮師》，中國卻過早地失去了一位名畫家。」

簡單的事物，總是最美的：蜻蜓因爲簡單而自由，小溪因爲簡單而歡騰，山泉因爲簡單而清澈，快樂因爲簡單而充實，生命因充實而璀璨……簡單活著，不要同時想著要去做很多事。人生一世，草木一秋，眨眼即過。活得簡單，才會活得快樂，而活得快樂，才算是擁有了幸福的生活。

生活再怎麼平凡，一個能把一家大小的生活都照顧得很好的母親，就已經有足夠的理由值得我們尊敬了。不僅我們需要這樣想，這些默默耕耘的人更需要有這樣的自信。那些不懂得成功藝術的人，通常是那種不懂得從平凡中發現偉大的人。

生活中，隨處可見這樣安於平凡的人，他們的人生沒有什麼大起大落，只是每天重複著去做很普通的事情，盡職盡責。或許有人會覺得他們的生活過得很寒酸，但他們自己並不覺得。反而，他們能夠感覺到自己在陽光下很幸福地生活著。正是他們這樣的安於平凡，讓人不覺對他們肅然起敬。

有個小故事是這樣的：

有一天，國王獨自到花園裡散步。看到花園裡所有的花和樹木都枯萎了，園中一片荒涼，國王很吃驚。

詢問園丁後，國王瞭解到，橡樹由於沒有松樹那麼高大挺拔，因此輕生厭世死了；松樹因為自己不能像葡萄藤那樣結出許多果實，嫉妒死了；葡萄藤哀歎自己終日匍匐在架子上，不能直立，不能像桃樹那樣開出漂亮的花朵，氣死了；牽牛花歎息沒有紫丁香那樣的芬芳，病倒了——所有的花草樹木都因為彼此羨慕、彼此嫉妒而喪失了生命的光彩。最後，讓國王轉悲為喜的是，細小的安心草還在茂盛地生長。

國王看了看平凡得不能再平凡的安心草，問道：「小小的安心草啊，別的植物全都枯萎了，為什麼你卻這麼樂觀堅強，毫不沮喪呢？」

小草回答說：「國王啊，我一點也不灰心失望。因為我知道，如果國王您想要一株榕樹，或是一株松柏、一些葡萄藤、一棵桃樹、一株牽牛花、一棵紫丁香什麼的，您就會叫園丁把它們種上，而我知道您只希望我做小小的安心草而已。」

古希臘的大哲人伊壁鳩魯說：「幸福，就是身體的無痛苦和靈魂的無紛擾。」菲・貝利說：「不要光讚美高聳的東西，平原和丘陵也一樣不朽。」

安於平凡，才能像上面小故事中的安心草一樣，沒有煩惱地茁壯成長，將陽光和雨露當做上天對自己的最大恩賜，從而快快樂樂地生活。做一棵安於平凡的安心草，幸福與成功兩不誤，何樂而不為呢？

4 養生之道，在於寧心養神

忙得沒有時間休閒娛樂的人，遲早會有時間生病。對於出生與死亡沒有任何補救的方法，好好享受中間的生命吧！

——奧義法師

「莫將身病爲心病」，這是明代思想家王陽明的名言。意思不言自明：心理負擔過重，心累對身體康健毫無益處。人們常說：「肩上百斤不算重，心頭四兩重千斤。」情緒對健康的影響是極大的，因爲「萬病心中生」。

我們常常會有這樣的體會，當我們處於良好的心理狀態時，可以大大地提高體力和腦力勞動的效率；而面對消極的情緒，如憤怒、怨恨、焦慮、抑鬱、恐懼、痛苦等，不僅無心做事，如果強度過大或持續過久，還可能導致神經活動機能失調。

一個叫貝特麗絲・伯恩斯坦的老太太，她已經七十多歲了，曾兩次寡居，但她仍然盡情地享受著生活——探望兒孫，讀書、旅行，義務演出，過著快樂的生活。

「我已經過了生命的巔峰，但仍然享受下坡時的快樂，做了快九年的寡婦，我為自己創造了一個充實且愉快的生活。我在亞利桑那州立大學一起修課的同學，在我第二任丈夫於一九八二年被診斷為結腸癌時，成為我的支持團體。」

「借助青年旅行的計畫，我和同齡人一起環遊世界，他們和我有同樣的嗜好，也需要夥伴。自退休後，我所進行的最有價值的計畫，就是參加『聖約之子』——為以色列『活躍退休者』所舉辦的為期三個月的節約活動。活動中，我在內坦亞的東正教看護中心擔任祖母的角色，要照顧從十八個月到三歲的小孩子。沒錯，有時工作很煩很累，但是能提供服務，付出愛以及得到愛，這為我帶來一種就像照顧自己親生孩子般的快感。」

在伯恩斯坦太太七十六歲生日時，滿屋的親朋好友共同舉杯祝福她：「祝您活到一百二十歲！」伯恩斯坦太太的笑綻開了額頭的皺紋：「我也許剛好可以活到那麼老，就剩下四十四歲了。」

人生在世，有數不清的幸福和快樂，亦有許多憂愁和煩惱。健康與快樂為伴，而憂愁卻往往會帶來疾病。情緒樂觀開朗，可使人內臟功能正常運轉，增強對外來病邪的抵抗能力。

古人的養生之道，在於寧心養神。《素向・上古天真論》記載：「怡淡虛無，真氣從之，精神內守，病從安來。」這就是說，心情平靜，不動雜念，疾病便無從發生；這就表明，做到心情舒暢，安然自得，便會延年益壽。

弘一法師曾說：「寫字要專心致志，全神貫注，這樣才能起到靜心養性的作用。中國文字有三美：意美以感心、音美以感耳、形美以感目。練習書法時，觀摩碑帖、揣其神韻，可以培養審美趣味和審美思想，同時能得到藝術享受，陶冶性情，靜心養性。心中狂喜之時，寫字可以使人頭腦冷靜下來；心中抑鬱之時，寫字可以使人忘掉憂愁。我以為延年益壽，這算妙方。」

養生貴在養心，保持愉悅的心情是養生的最高境界。不良心境如同毒草，長期處於其中，無疑會使機體抵禦疾病的能力下降，破壞自身的身心健康。因此，無論你處於人生的順境還是逆境，不妨就常做一下「健心操」，學會駕馭心境，將煩悶、孤寂、依賴、內疚等統統趕走。這樣，同樣的事物，就會從「無可奈何花落去」變作「人閑桂花落」、「鳥鳴山更幽」。

5偶爾要做一些「無用」之事

世界上有一些事物遠比財富來得重要，欣賞單純之美的能力是其中的一種。生活是一種每個人都必修的藝術課程，但這門課程卻沒有人能教你。不用害怕生活何時走到盡頭，應該擔心生活何時真正開始。唯有透過生活中無數瑣事和雜事，你才能真正領悟什麼叫生活。

——延參法師

常聽一些人抱怨「生活太乏味了，應多點浪漫或激情」。如果我們能像藝術家一樣熱愛並設計我們的生活，那麼我們的日子必然會是另外一番模樣。

有人說日子如白開水，淡而無味，那你就加點蜂蜜，或者煮開了泡幾片玫瑰花瓣，或者一小撮綠茶，或者沖點咖啡……你能做的很多，可以無極限發揮你浪漫的創意，讓生活變得不再平淡。生活中需要變化，這樣才能讓人覺得有新鮮感，才能長時間地保持著活力。

王小波曾經把人分爲有趣和無趣兩種，在一個無趣的時代，無趣的社會，做個有趣的人，不容易。要做一個有趣的人，首先要熱愛生活，對萬事萬物充滿愛心；其次要善於觀察生活、體驗生活，發現生活中的情趣；再次要善於運用聯想和想像去發現生活中的美和情趣。

縱觀歷史長河，史上聖人出了不少，但有趣的人可不多。蘇東坡是個有趣的人。古人有人生四大樂事之說，蘇東坡則認爲，人生賞心樂事不單只有四件，而有十六件：清溪淺水行舟；微雨竹窗夜話；暑至臨溪濯足；雨後登樓看山；柳陰堤畔閑行；花塢樽前微笑；隔江山寺聞鐘；月下東鄰吹簫；晨興半炷茗香；午倦一方藤枕；開甕勿逢陶謝；接客不著衣冠；乞得名花盛開；飛來家禽自語；客至汲泉烹茶；撫琴聽者知音。

從這十六件樂事中，可見蘇東坡極熱愛生活，樂觀入世，也懂得享受生活，是不折不扣的有趣之人。

「生活從來都不缺少美，而是缺少發現」。一個久居城市的少年能夠享受「神游山林」之趣，這本身就是一個極好的例子。在有情趣之人眼中，萬事萬物莫不情趣盎然，蚊子可以是「群鶴舞空」，蛤蟆可以是「龐然大物」；在無情趣之人眼中，世界永遠是枯燥無味的。做一個有情趣的人，首先要做的是對世間萬物充滿愛心，其次是要有豐富的想像力，善於從普通的物事中發現美的因素。

生活中追求情趣很重要，能使我們感到人生美好，使我們更加熱愛生活。一個人不能光知道工作，偶爾要做一些「無用」之事，做有情趣之人。風和日麗時，躺在草地上看雲，下雨天打傘聽雨聲，晚上看月亮數星星，躺在床上胡思亂想自己的前世今生……這些看似無用的事，使我們的人生有點情趣，其實有大用。

生活中積極向上、善良快樂的人，總是很有生活情趣。無論生活多麼緊張，多麼繁雜，多麼無奈，他們熱愛生活的心是不會變的。和這樣的人在一起，能鼓舞你生活的信心，能讓你感悟生活的快樂。

有人把生活比喻成一首歌，其實這歌並不都是歡快得令人陶醉的娛樂。它有憂傷，有淒涼，有哀痛和呻吟。只有真正懂得生活的人們才會把它仍然當作一首歌來唱，將自己的嗓音調整到最佳的狀態，努力地把握好每一個音節，就連那傷心傷情之處也要表現得淒美而慘烈。

人們常常羨慕功成名就、百事百順的人，認爲他們是生活中的成功者，認爲只有這些得到生活回報的人才會對生活充滿感激，充滿信心和激情。其實，真正懂得生活的人，對生活充滿愛意的人，是那些在生活中遭遇挫折和不幸的人；是那些深知生活在世上，有快樂就有悲傷，有成功就有失敗，有苦澀就有甘甜的人；是那些對生活沒有過多奢求而認認真真生活的人；是那些把生活本身當作幸福的人。

有趣，和身分、地位、年齡無關。有趣幽默之人，非道貌岸然的學究先生，往往是富有理解力之人，也唯有這種人，方能從平凡的生活中尋出無盡樂趣，是值得生活一輩子，喜歡一輩子的。

當我們對待工作，不，是對待整個生活，都像一個藝術家一樣，敏銳地洞察每一片段之美、懷著嬰兒般的好奇心去探索每一個角落，以超凡的想像力、創造力來做每一件事，這該是多麼美妙的事。世界每日常新，有那麼多事情等待我們去發現，去創造，去感受，去超越。

第十二章

超脫生死，每一刻都活得充實有力

前生已逝，未來未到，這都不是我們可以掌握的；唯有每一個現在，是我們可以把握得住的。

1 「撐著不死」和「好好活著」

先得學會如何活著，才知道如何面對死亡；先得學會如何坦然赴死，才知道如何好好活著。

——慧律法師

禪院裡的花被曬焦了，小和尚提著桶要澆水。

老和尚說：「現在太陽大，一冷一熱，非死不可，等晚一點再澆。」

傍晚，那盆花已經曬成了乾菜的樣子。

小和尚咕咕噥噥地說：「肯定已經死透了，怎麼澆也活不了。」

老和尚說：「澆！」

水澆下去後不久，已經垂下去的花，居然全站了起來，而且生機盎然。

「天哪！」小和尚喊，「它們可真厲害，憋在那兒，撐著不死。」

老和尚道：「不是撐著不死，是活得好好的。」

小和尚低著頭：「這有什麼不同呢？」

「當然不同，」老和尚拍拍小和尚，「我問你，我今年八十多了，我是撐著不死，還是好好活著？一天到晚怕死的人，是撐著不死；每天都向前看的人，是好好活著。得一天壽命，就要好好過一天。那些活著的時候渾渾噩噩，天天拜佛燒香，希望死後能成佛的，絕對成不了佛。」

希望成功，追求幸福，是人生的理想。人生如白駒過隙一樣短暫，生命在擁有和失去之間，不經意地流淌著。但人生在世比成功幸福更重要的是做人，要對自己的人生負責。

生命對於每個人都只有一次，自己的人生責任沒有人可以替而代之。一個人如果將這唯一的一次人生虛度了，絕無機會重新選擇一次。「撐著不死」和「好好活著」有著本質的區別。

有個人一生碌碌無為，窮困潦倒。這天夜裡，他實在沒有再活下去的勇氣了，就來到一處懸崖邊，準備跳崖自盡。

自盡前，他嚎啕大哭，細數自己遭遇的種種失敗挫折。

崖邊岩石縫裡長著一株低矮的樹，聽到他的經歷後，也忍不住流下了淚水，跟著「嗚嗚」地哭了起來。

這個人見樹也哭了，就問：「難道你也有不幸嗎？」

樹說：「我是這個世界上最苦命的樹，生在岩石的縫隙間，營養不足，環境惡劣，枝幹不得伸展，形貌生得醜陋。我看似堅強無比，其實是生不如死呀！」

人說：「既然如此，為何還要苟活？」

樹說：「死倒也容易，但你看到我頭上這個鳥巢沒有？此巢為兩隻喜鵲所築，一直以來，牠們在巢裡棲息生活，繁衍後代。我要是不在了，那這兩隻喜鵲怎麼辦呢？」

人忽有所悟，馬上從懸崖邊退了回去。

其實，每個人都不只是爲了自己活著，無論怎麼渺小、卑微的人，也都是一棵偉岸的「樹」。然而，許多人並不知道自己人生要負的責任，活了一輩子，也沒有弄清楚自己在世上的責任是什麼。

我們只要環顧四周，在你的朋友、同事或鄰居中，就可以發現有的人做事，僅僅是爲了生存，爲了混口飯吃；有的人活著，純粹以金錢權位定義自己的人生；有的人一輩子琢磨的就是身邊幾個人；有的人十分看重別人對自己的評價、看法，謹慎地爲這種評價而活著，甚至來決定自己的幸福……

某日，無德禪師正在院子裡鋤草，迎面走過來三位信徒，向他施禮，說道：「人們都說佛教能夠解除人生的痛苦，但我們信佛多年，卻並不覺得快樂，這是怎麼回事呢？」

無德禪師放下鋤頭，安詳地看著他們說：「想快樂並不難，首先要弄明白為什麼活著。」

三位信徒你看看我，我看看你，都沒料到無德禪師會向他們提出問題。

過了片刻，甲說：「人總不能死吧！死亡太可怕了，所以人要活著。」

乙說：「我現在拚命地勞動，就是為了老的時候能夠享受到糧食滿倉、子孫滿堂的生活。」

丙說：「我可沒你那麼高的奢望。我必須活著，否則一家老小靠誰養活呢？」

無德禪師笑著說：「怪不得你們得不到快樂，你們想到的只是死亡、年老、被迫勞動，而不是理想、信念和責任。沒有理想、信念和責任的生活當然是很疲勞、很累的。」

信徒們不以為然地說：「理想、信念和責任，說說倒是很容易，但總不能當飯吃吧！」

無德禪師說：「那你們說有了什麼才能快樂呢？」

甲說：「有了名譽，就有一切，就能快樂。」

乙說：「有了愛情，才有快樂。」

丙說：「有了金錢，就能快樂。」

無德禪師說：「那我提個問題：為什麼有人有了名譽卻很煩惱，有了愛情卻很痛苦，有了金錢卻很憂慮呢？」信徒們無言以對。

無德禪師說：「理想、信念和責任並不是空洞的，而是體現在人們每時每刻的生活中。必須改變生活的觀念、態度，生活本身才能有所變化。名譽要服務於大眾，才有快樂；愛情要奉獻於他人，才有意義；金錢要佈施於窮人，才有價值，這種生活才是真正快樂的生活。」

一個人在崗位要盡職盡責、敬業奉獻；在社會要奉公守法，遵守社會公德；在家庭要孝老、敬親、愛子。知道了自己的責任之所在，認清了自己在這個世上要做的事情，並且認真地去做，他就獲得了一種內在的自覺、充實、安詳。人生當中「好好活著」是超乎成功幸福之上更有價值的目標。

2 參透生死，把握當下

一切眾生，從無始來，生死相續，皆由不知常住真心，性淨明體，用諸妄想，此想不真，故有輪轉。

——弘一法師

孔子謂「殺身成仁」；孟子曰「捨生取義」；司馬遷認爲「人固有一死，死有重於泰山，或輕於鴻毛」。對死亡的態度恰好是對生的態度的反證。懼怕死亡的人往往在生活中患得患失，憂慮重重；而不怕死亡的人才能樂觀進取，力爭在有限的生命中創造出無限的事業。

修行中的弘一法師仍經受著生、老、病、死之苦，尤其是病苦。世人總是以為信仰、修行等大願會解脫身體的諸種煩惱，其實誤解了人生或人性的本質。

弘一法師是苦行的，他做和尚遠不及前半生優遊，他的全部時間都用來念佛、誦經、說法、寫佛。抗戰時期，他最重要的口號是：「念佛不忘救國，救國必須念佛！」

但法師時常被病痛侵襲，他的肺病始終沒有治癒。在惠安鄉間弘法時，他患了「風濕性潰瘍」，手足腫爛，發高燒。

當廣洽法師到草庵去探視他時，弘一仍整天地焚香、寫字，換佛前淨水，洗自己的內衣……

廣洽法師問：「您的病，好些了嗎？」

弘一的回答是：「你問我這些，是沒有用的。你該問我念佛沒有？病中有沒有忘了念佛？這是念佛人最重要的一著，其他都是空談。在病中忘了佛號，在何時何地不會忘卻佛號吧？生死之事，蟬翼之隔；南山律師告人病中勿忘念佛，這並非怕死。死，芥末事耳。可是，了生死，卻是大事……」

有生必有死，死亡永遠伴隨著生，寸步不離。人的生命同世間一切的生物一樣，一旦死亡就不可能再次復生。如果因此而輕視或浪費生命，那也是不可原諒的錯誤。在死神召喚之前，我們還應充實地過好每一天。

在《雜阿含經》卷第三十三中，佛陀以四種良馬譬喻眾生的根器。認爲最利根的人聽聞老病死苦，心中便會生出警惕，依正法思維而調伏身心，有如上等的良馬見鞭影即知行進的方向。比較次等根器的人，則是在見到鄰里有人受老病死苦時，便心生警惕而發心修行，這樣的人有如次等良馬，雖然不能在睹見鞭影時，即知前進，但只經鞭杖輕觸毛尾後，便知如何行走。

第三等善根的人，則是要見到自己親近的人深受老病死苦時，方才驚覺而發心修行，就如第三等良馬，要等鞭杖輕抽，肌體微疼後，才知策進。

第四種人，則要自己身遭老病死苦的折磨之後，才能認真面對生命的苦惱，猶如拉車的馬雖經鞭子抽打仍不知策進，非得以鐵錐刺身，徹膚傷骨之後才驚覺，進而「牽車著路，隨御者心，遲速左右」。至於頑劣難以教化的劣馬，則是伸頸狂嘶，作勢噬人，前腳跪地，後腳踢人，不願就軛，即或受軛，稍受鞭杖，便斷韁折勒，縱橫馳走。

前生已逝，未來未到，這都不是我們可以掌握的；唯有每一個現在，是我們可以把握得住的。

3 珍惜時間，不辜負這一遭生命

生日卡少則一行、兩行，多則七行、八行，乃至數十行。它們所傳達的不過是一項訊息——你又向死亡靠近了一些。
——慧律法師

岳飛在《滿江紅》裡曾說過：「莫等閒，白了少年頭，空悲切。」如果你總覺得日子很無聊，依靠去飯店、網吧、遊戲廳、KTV等這些場所來打發時間，真的應該好好想一想，我們究竟爲了什麼活著？

詩人汪國真說：「這是一個古老而又總是富有新意的問題。我不知道別人爲什麼活著，我活著的目的很簡單：不辜負生命。」

什麼叫不辜負生命？珍惜時間就是不辜負生命。達爾文曾在給蘇珊・達爾文的信中說：「一個竟會白白浪費一小時的人，就不懂得生命的價值。」

一天，生病的達爾文坐在籐椅上曬太陽，面容憔悴，精神不振。一個年輕人路過達爾文的面前。

當他知道面前這個衰弱的老人就是寫了著名的《物種起源》等作品的達爾文時，不禁驚異地問道：「達爾文先生，您身體這樣衰弱，常常生病，怎麼能做出那麼多事情呢？」

達爾文回答說：「我從來不認為半小時是微不足道的很小的一段時間。」

在這個世界上，你真正擁有，而且極度需要的只有時間，時間在生命中是如此重要，而許多人卻日復一日花費大量的時間去做無聊的事。

喪失的財富可以通過厲兵秣馬、東山再起而賺回；忘掉的知識可以通過臥薪嚐膽、勤奮努力而復歸；失去的健康可以通過合理的飲食和醫療保健來改善；而唯有我們的時間，流失了就永遠不會再回來，無法追尋。

法國著名科普作家凡爾納每天早上五點鐘就會起床，然後一直伏案寫到晚上八點。在這十五個小時中，他通常只在吃飯時休息片刻。但是他並不會與家人坐在一起吃飯，通常都是妻子給他送到他寫作的地方，他搓搓酸脹的手，拿起刀叉，以最快的速度填飽肚子，抹抹嘴，然後又拿起筆。

他的妻子看他如此辛苦，就非常心疼地問：「你寫的書已不少了，為什麼還抓得那麼緊？」

凡爾納笑著說：「你記得莎士比亞的名言嗎？放棄時間的人，時間也放棄他。哪能不抓緊呢？」

在四十多年的寫作生涯中，凡爾納記了上萬冊筆記，寫了一百零四部科幻小說，共有七八百萬字，這是一個相當驚人的數字！一些感到驚異的人就悄悄地詢問凡爾納的妻子，想打聽凡爾納取得如此驚人成就的秘訣。

凡爾納的妻子坦然地說：「秘密嘛，就是凡爾納從不放棄時間。」

佛蘭克林，美國著名的科學家，《獨立宣言》的起草人之一。曾經有人問他：「您怎麼能夠做那麼多的事情呢？」

佛蘭克林笑笑說：「你看一看我的時間表就知道了。」

讓我們一起來看看他的時間表吧：

五點起床，規劃一天的事務，並自問：「我這一天要做好什麼事？」

八點至十一點，十四點至十七點，工作。

十二點至十三點，閱讀、吃午飯。

十八點至廿一點，吃晚飯、談話、娛樂、回顧一天的工作，並自問：「我今天做好了什麼事？」

朋友勸佛蘭克林說：「天天如此，是不是過於……」

「你熱愛生命嗎？」佛蘭克林擺擺手，打斷了朋友的談話，說：「那麼，別浪費時間，因為時間是組成生命的材料。」

生命有限，然而，大部分的人卻活得單調乏味，過著俗不可耐的日子。著名的導演兼演員藍敦在去世前幾周接受訪問時，曾語重心長地說了這麼一段話：活著的時候，最好能記住——死亡即將來到，而我們不知道它降臨的確切時間。這能讓我們隨時保持警覺，提醒我們趁著機會還在，要珍惜每一分，每一秒。

如今，想想十年前的事情，彷彿就發生在昨天，十年一晃就過了，而我們的一生又有幾個十年呢？你現在要做的事情很多，前進、荊棘、跌倒、受傷……我們永遠不會感到無聊，不會是一個無所事事的混跡生活的人。我們不能使時光流逝的腳步放慢，但是我們可以珍惜時間，不辜負這一遭生命。

4 守住樂觀的心境

雲門胡餅趙州茶，信手拈來奉作家，
細嚼清風還有味，飽餐明月更無渣。
——達照法師

在一家賣甜甜圈的商店門前見到一塊招牌，上面寫著：「樂觀者和悲觀者的差別十分微妙：樂觀者看到的是甜甜圈，而悲觀者看到的則是甜甜圈中間的小小空洞。」這個短短的幽默句子，透露了快樂的本質。事實上，人們眼睛見到的，往往並非事物的全貌，只看見自己想尋求的東西。樂觀者和悲觀者各自尋求的東西不同，因而對同樣的事物，就採取了兩種不同的態度。

在很早以前，一個村子裡有兩個人，都想要通過茫茫的戈壁到沙漠另一邊的綠洲去開拓新的生活。而且他們都知道在沙漠的中間有一座古堡遺址，傳說神秘的暹羅人的後代，經常在那裡出沒，並且在古堡旁邊的兩條小路上，分別放著兩杯清水，專給穿越沙漠的人救命用。

有一年夏天，他們兩個決定：要去沙漠另一邊的綠洲開拓生活。他們在後來的三天裡，分別出發了，分別開始了穿越茫茫沙漠的開拓新生活的壯舉。

第一個人，當他走到古堡的時候，水已經喝完了，他輕而易舉地找到了那個水杯。但是，當他發現只有半杯水的時候，他就開始了抱怨、詛咒、謾罵，恨前邊走過的人怎麼喝了杯子裡的半杯水，也罵暹羅人的吝嗇。

突然，天公作怒，一陣強風，飛起的沙粒落在了水杯裡，當他還在那抱怨水裡有了沙子怎麼喝的時候，一陣狂風把他手中的水杯刮走了，水灑落在沙粒中。在他抱怨間，就連這半杯水，他都沒有喝上。不久，他就死在了沙漠裡。

第二個人，當他走到古堡的時候，水也已經喝完了，而且精疲力竭。他掙扎著找到了那個水杯。當他看到杯子裡還有半杯水的時候，他立即端起水杯一飲而盡。然後他跪在地上感謝上天，感謝暹羅人的救命之恩。

少頃，狂風大作，沙塵霏霏。他躲藏在古堡的殘垣斷壁下，養息著。

風停後，他走出了沙漠，看到了綠洲，並且過上了幸福的新生活。

樂觀的人處處可見「青草池邊處處花」，「百鳥枝頭唱春山」；悲觀的人時時感到「黃梅時節家家雨」，「風過芭蕉雨滴殘」。一個心態正常的人可在茫茫的夜空中讀出星光的燦爛，增強自己對生活的自信；一個心態不正常的人讓黑暗埋葬了自己，且越葬越深。

意志堅強的樂觀者面對諸多問題，總是抱著仍有可爲的態度，遇變故會變得更堅強。這就不難理解他所言：「我的成功乃是從一路失敗中取得的」之深刻內涵了。

5 控制七情六欲，隨緣而不攀緣

心境俱冥，自然合道。以第一義，莊嚴其身，是為菩薩。任性逍遙，了無住著，觸目遇緣，總是妙用。

——聖嚴法師

誰不愛惜自己的身體，誰不希望有百年之壽，然而，現代人處於工作的壓力和生活的困擾中，常常身心不調，求醫治病也只能治癒一時，若是平時不注重調理身心，舊病和新病仍舊會困擾著我們。很多人開始自求於己，於日常生活中調養身心，防患於未然。而除了醫療之外，越來越多的人想要尋求更加自然的養生方式，如運動、食療，等等。

然而，身心一體，只調養身體還是不夠的，心病往往比身體上的疾病更折磨人，抑鬱症等心理疾病已經成爲流行甚廣的疾病，被稱爲精神癌症。新聞上常常出現因抑鬱而自殺的案例，讓人爲之扼腕歎息。又有很多年輕男女，因感情受挫，或事業不順，報復社會或傷害他人，鑄就了很多人間悲劇，也爲親人和無辜的人帶去了無盡痛苦。有情眾生，因爲有情，就不免爲情所困，許多人爲擺脫苦惱和困境就開始求助於佛學。

有人問一位修行人，學佛之前和學佛之後你有什麼變化？

修行人答道：「學佛之前，我砍柴、餵馬、燒飯，學佛之後，我還是砍柴、餵馬、燒飯。」

這話讓人迷惑，問詢者就繼續問：「那學佛不學佛有什麼區別呢？」

修行人答道：「學佛之前，我砍柴時想著餵馬，餵馬時想著燒飯，燒飯時想著砍柴；學佛之後，砍柴就是砍柴，餵馬就是餵馬，燒飯就是燒飯。」

由此可見，佛法讓人內心清淨，能夠驅除雜念。除此之外，佛家還提倡自然，飲食觀也崇尚與自然規律相符，簡單、素淨，只吃應季蔬菜和水果，絕不食葷，食不過量，不暴飲暴食，這樣的飲食習慣能夠淨腸胃，對一些學佛前飲食不規律的人來說，長時間堅持，身體自然能夠有好轉。

佛家也注重以養心來養身。憂愁苦惱令人病、令人老，有一定佛學修養的人是能夠控制七情六欲的，隨緣而不攀緣，也就不會產生過於強烈的喜怒哀樂。過於強烈的情緒都是會影響身體器官的，氣血不調，會引發五臟受損，從而患上高血壓、心臟病等疾病。

怒傷肝 盛怒之下人的血液會加快凝結，心跳也會過速，對於心血管系統造成很大的負擔，因此時常發怒的人易患冠心病和肝臟疾病。從中醫的角度來說，怒氣會引起肝氣上逆，有損肝血，有的人甚至會吐血或昏厥。

喜傷心 適度的喜悅固然能令精神放鬆，但是突如其來的大喜過望也有可能引起疾病，比如因爲太高興了而大笑不止，或是興奮到整夜失眠，都會使心跳加速，影響精神，甚至暈倒。范進中舉就是大家熟知的因爲大喜而致短暫的精神失常的例子，因此喜悅也不能過度。

思傷脾 對一件事思前想後、焦慮不安或是過於思念某人就會心神不寧，往往就會茶飯不香，沒有胃口，這就是脾臟受到了損害的徵兆。脾臟是負責輸送和消化的器官之一，脾如果不能正常運轉，就不能很好地吸收食物養料，人就不健康。

憂傷肺 《紅樓夢》中黛玉因爲聽說了寶玉要另娶他人之後憂傷咳血而死，這就是過度憂傷而導致的肺臟受損。人在憂鬱時會感覺到胸悶、長吁短歎、呼氣不暢或是鼻塞，這是肺部氣機不利的表現，又因爲肺主皮毛，所以憂鬱時還會引起某些皮膚病，產生如生瘡、長痘等症狀。

恐傷腎 當人受到突如其來的驚嚇時，甚至會大小便失禁，這種反應就是因恐懼而導致的腎氣不固所造成的。腎主藏精，如果人總是生活在擔驚受怕中，腎受到損害，就會影響生殖系統的健康。

中醫注重情志養生，而佛家的超脫，恰恰是讓人靜心的最好的養生方法。學佛的人需要六根清淨，減少情緒波動，保持平和的心態，也就不會生出這些因情緒化而導致的各種臟器病症，達到身心清淨。

同時，佛家也注重飲食與禪定等養生方式。佛家對於現代人的心理問題也有異於西方的獨特的調養方式，佛教教人清心寡欲，修習「戒、定、慧」，擺脫「貪、嗔、癡」三毒對人心理的傷害，從根本上清除心理的毒瘤，從而達到身心一統。

佛家主張「色不異空，空不異色，色即是空，空即是色」。色就是有表像的物質，我們看到的，聽到的，摸到的都是實在的東西，這些就是色相，但無論什麼具象的東西，它的本質都是空的。所以一切現象都是虛幻的，那也就不必對七情太過在意——如果你痛到腸斷也能忍耐，苦比黃連也能咽得下，煩到焦頭爛額也能心平氣和，難到絕望也能解脫，委屈到想哭也能忍住，憤怒到怒火沖天也能平息，憤恨到咬牙切齒也能讓它消散，心急如焚也能淡定如水，大喜過望也能沉得住氣，傷人的話到嘴邊也能停得下來，飛來之財到眼前也能看淡，情到深處也能脫得開，那你就真正能做到不為人生的各種苦所困，修養到這種程度，也就達到身心調順了。

拈花走近佛──貼近佛心，你會更豁達

作者：羅金
發行人：陳曉林
出版所：風雲時代出版股份有限公司
地址：10576台北市民生東路五段178號7樓之3
電話：(02) 2756-0949
傳真：(02) 2765-3799
執行主編：劉宇青
美術設計：許惠芳
行銷企劃：林安莉
業務總監：張瑋鳳

初版日期：2018年11月
版權授權：馬峰
ISBN：978-986-352-643-8
風雲書網：http://www.eastbooks.com.tw
官方部落格：http://eastbooks.pixnet.net/blog
Facebook：http://www.facebook.com/h7560949
E-mail：h7560949@ms15.hinet.net
劃撥帳號：12043291
戶名：風雲時代出版股份有限公司

風雲發行所：33373桃園市龜山區公西村2鄰復興街304巷96號
電話：(03) 318-1378
傳真：(03) 318-1378
法律顧問：永然法律事務所 李永然律師
北辰著作權事務所 蕭雄淋律師

行政院新聞局局版台業字第3595號 營利事業統一編號22759935

定價：280元

國家圖書館出版品預行編目資料

拈花走近佛─貼近佛心，你會更豁達 ／羅 金 著. -- 初版. -- 臺北市：風雲時代，2018.10- 面；公分

ISBN 978-986-352-643-8（平裝）

1.佛教修持　2.生活指導

225.87　　107015210